Mein grosses Technikbuch

Geniale Projekte und spannende Experimente

Mit Texten von Volker Wollny
und
Illustrationen von Philip Cassirer

compact kids ist ein Imprint der Compact Verlag GmbH

© Compact Verlag GmbH
Baierbrunner Straße 27, 81379 München
Ausgabe 2015

Text: Volker Wollny
Illustrationen: Philip Cassirer
Chefredaktion: Dr. Matthias Feldbaum
Redaktion: Elena Bruns
Fachredaktion: Ulrich Strautz
Produktion: Ute Hausleiter
Abbildungen: siehe Bildnachweis S. 160
Titelillustration: Philip Cassirer
Gestaltung: ekh Werbeagentur GbR, München
Umschlaggestaltung: Hartmut Baier, PIXELCOLOR

ISBN 978-3-8174-9648-8
381749648/1

www.compactverlag.de

VORWORT UND ERKLÄRUNGEN

Ohne Technik geht in unserer Welt fast gar nichts. Du musst zwar kein Ingenieur sein, um technische Geräte zu benutzen. Manchmal tust du dich aber leichter damit, wenn du ungefähr weißt, wie sie funktionieren. Und spannend ist es allemal, zu erfahren, wie die Stufen einer Rolltreppe wieder zurück nach unten kommen oder warum ein Fahrstuhl nicht herunterfällt, auch wenn das Tragseil reißen sollte.

Weißt du, warum ein U-Boot versinken und wieder auftauchen kann? Und hast du eine Ahnung, warum ein Türschloss nur aufgeht, wenn du genau den richtigen Schlüssel hast?

In diesem Buch findest du die Antworten auf diese und viele weitere Fragen. Viele Dinge, die auf den ersten Blick unverständlich erscheinen, sind in Wirklichkeit gar nicht so kompliziert. Bei manchen kannst du sogar das Prinzip, das dahintersteckt, mit einem einfachen Experiment selbst ausprobieren. Du findest bei jedem Experiment Angaben zum Schwierigkeitsgrad und zur Dauer:

 leichtes Experiment

 mittelschweres Experiment

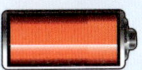 etwas schwierigeres Experiment

 schnelles Experiment

 etwas längeres Experiment

 aufwendiges Experiment

Wenn du dieses Buch gelesen hast, wirst du wahrscheinlich sogar ein paar Sachen wissen, mit denen selbst viele Erwachsene sich nicht auskennen. Viel Spaß dabei wünscht dir dein

Volker Wollny

BEI MIR ZU HAUSE

Wie schön, dass wir zu Hause allerhand Technik haben! Der Kühlschrank sorgt nicht nur dafür, dass deine Limo auch bei warmem Sommerwetter immer schön kühl ist. Er hält auch verderbliche Speisen frisch, sodass man nicht jeden Tag einkaufen gehen muss.

Wenn es dunkel wird, brauchst du lediglich am Lichtschalter zu knipsen, und wenn es dir zu kühl ist, drehst du die Heizung auf. Die Mikrowelle macht eine schnelle Mahlzeit fix warm und das Türschloss verhindert, dass jeder einfach mal so in eure Wohnung spazieren kann.

WIESO WIRD ES HELL, WENN DU DEN LICHTSCHALTER DRÜCKST?

Wie viele Dinge, die uns das Leben erleichtern, funktioniert auch unser Licht mit elektrischem Strom. Was aber ist elektrischer Strom?

Kupferdrähte leiten Strom.

Elektronen

Alle Dinge in unserer Welt bestehen aus unglaublich winzigen Teilen, den Atomen. Und jedes Atom besteht aus einem Atomkern und kleinen Teilchen, die um diesen Atomkern herumsausen. Diese kleinen Teilchen nennt man Elektronen. In manchen Stoffen bleiben nicht alle Elektronen brav bei ihren Atomen, sondern treiben sich herum. Solche Elektronen nennt man freie Elektronen und die Stoffe, in denen sie vorkommen, heißen elektrische Leiter. Metalle, wie Kupfer, Eisen oder Aluminium, sind solche elektrischen Leiter. Sie leiten elektrischen Strom.

Die Spannung

Stell dir die freien Elektronen einfach wie kleine Männchen vor. Man kann sie nämlich in Bewegung setzen und arbeiten lassen. Zum Beispiel mit einer elektrischen Batterie. Solange die Batterie noch mit keinem elektrischen Verbraucher, zum Beispiel der Fernbedienung oder einer Taschenlampe, verbunden ist, passiert erst einmal gar nichts. Wenn die Batterie noch nicht verbraucht ist, sind die elektrischen Männchen darin ganz wild darauf, zu arbeiten. Man sagt: Sie stehen unter Spannung. Die elektrische Spannung ist sozusagen die Arbeitskraft der elektrischen Männchen. Je höher die Spannung ist, umso mehr können die elektrischen Männchen arbeiten, aber umso gefährlicher sind sie auch.

Die elektrischen Männchen aus einer Batterie sind nicht gefährlich, mit ihnen kannst du ruhig experimentieren. Die aus der Steckdose jedoch sind so stark, dass sie einen Menschen töten können. Deswegen darfst du nie mit Strom aus der Steckdose experimentieren!

Der Stromkreis

Wenn man nun elektrische Männchen arbeiten lassen will, muss man ihnen einen Weg bauen. Genau genommen sogar zwei: Der eine Weg führt vom Ausgang der Batterie zum Eingang des elektrischen Verbrauchers, den man betreiben will, zum Beispiel zu einer Glühbirne. Der andere führt vom Verbraucher zurück zum Eingang der Batterie. So etwas nennt man einen Stromkreis. Er besteht immer aus einer Spannungsquelle – das ist in unserem Fall die Batterie –, einem Verbraucher, also in diesem Fall unserer Glühbirne, einer Hinleitung und einer Rückleitung.

Das Ganze funktioniert so lange, bis die Batterie erschöpft ist oder bis man den Stromkreis unterbricht. Man kann zum Beispiel den Draht vom einen Pol der Batterie entfernen. Wenn die elektrischen Männchen nicht im Kreis herumlaufen können, laufen sie nämlich gar nicht.

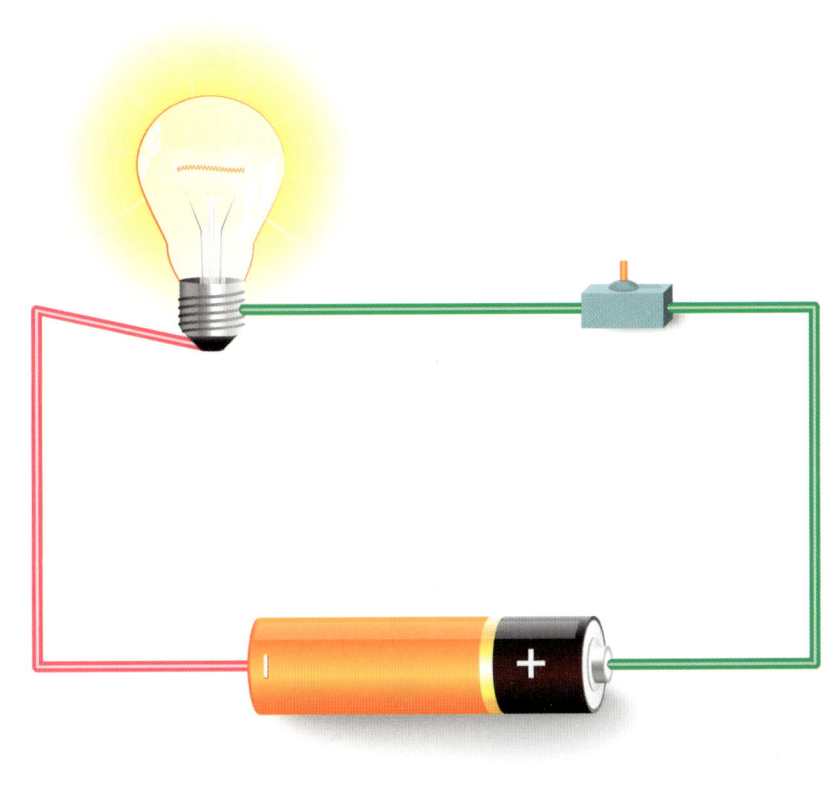

Schalter ein, Schalter aus

Um den Stromkreis zu unterbrechen, baut man normalerweise einen Schalter ein. Die Leitung führt in den Schalter an der einen Seite hinein und an der anderen wieder raus. Wenn der Schalter ausgeschaltet ist, ist eine Lücke zwischen den beiden Seiten. Schaltet man ein, wird diese Lücke mit einem Stück Metall überbrückt. Jetzt können die elektrischen Männchen hindurchmarschieren und ihre Arbeit machen.

Die Glühbirne

Eine Glühbirne besteht aus verschiedenen Einzelteilen. Da ist zuerst der blecherne Gewindesockel, mit dem man die Glühbirne in die Fassung schraubt. Darauf ist der Glaskolben angebracht, in dem der Glühdraht sitzt. Aus dem Kolben hat man die Luft herausgepumpt oder ihn mit einem unbrennbaren Gas gefüllt, damit der Glühdraht nicht verbrennen kann.

Am unteren Ende des Sockels sitzt ein Kontakt. In der Glühbirnenfassung ist eine kleine Kontaktfeder. Sie berührt den Kontakt unten am Sockel. Hier fließt der Strom in die Glühbirne hinein. Dann fließt er durch den Glühdraht und durch den blechernen Sockel wieder hinaus in die Fassung. Die Fassung ist ebenfalls aus Blech und von ihr führt der zweite Draht zurück zur Spannungsquelle. An einer Stelle ist in der Leitung ein Schalter eingebaut, damit man das Licht auch ein- und ausschalten kann.

zur Spannungsquelle

Kontakt

Kontaktfeder

Fassung

Gewindesockel

Glühdraht

Glaskolben

Leuchtstoffröhren und Energiesparlampen

Eine Leuchtstoffröhre ist ein Glasrohr ohne Luft, in dem sich ein wenig Quecksilberdampf befindet. Die elektrischen Männchen fliegen durch dieses Glasrohr. Wenn sie dabei mit Quecksilberteilchen zusammenstoßen, entsteht ultraviolettes Licht, das man aber nicht sehen kann.

Damit aus dem ultravioletten Licht in der Leuchtstoffröhre sichtbares Licht wird, ist diese auf der Innenseite mit einem besonderen Stoff beschichtet. Das ist der Leuchtstoff. Wenn er von dem ultravioletten Licht getroffen wird, beginnt er weiß zu leuchten.

Energiesparlampen sind nun nichts anderes als kleine Leuchtstoffröhren, die man so gebogen hat, dass sie nicht mehr Platz wegnehmen als eine Glühbirne.

Das Quecksilber in den Leuchtstoffröhren und Energiesparlampen ist sehr giftig. Deswegen darf man sie nicht in den Hausmüll werfen. Man muss sie auf den Wertstoffhof bringen.

Das steckt dahinter:

Die elektrischen Männchen wollen immer dorthin, wo es weniger von ihnen gibt als da, wo sie gerade sind. In einer Spannungsquelle, zum Beispiel einer Batterie, wird dafür gesorgt, dass immer an einem Anschluss zu viele elektrische Männchen sind und am anderen zu wenig. Verbindet man die beiden Anschlüsse mit zwei Leitungen und einem elektrischen Verbraucher zu einem Stromkreis, laufen die überschüssigen elektrischen Männchen vom einen Anschluss zum anderen und man kann sie unterwegs arbeiten lassen.

MACH DIR DEIN EIGENES LICHT

Das brauchst du:

 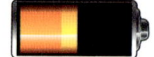

✓ 1 Flachbatterie 4,5 Volt

✓ 2 Büroklammern

✓ 2 Stückchen isolierten Draht („Klingeldraht"), jeweils etwa 30 Zentimeter lang

✓ 1 Glühbirnchen für 3-6 Volt

✓ 1 passende Fassung

✓ 1 Taschenmesser

✓ 1 kleinen Schraubenzieher

✓ Eventuell 1 kleinen Schalter

So geht's:

1 Leg dir alles Werkzeug und Material zurecht.

2 Mit dem Taschenmesser schneidest du an jedem Ende der beiden Drähte ein wenig von der Isolierung weg, sodass das Kupfer darunter blank ist. Lass dir dabei von einem Erwachsenen helfen.

3 Nun schraubst du jeweils ein Ende der beiden Drähte an die zwei Kontakte an der Glühbirnenfassung.

4 An das jeweils andere Ende der Drähte steckst du die Büroklammern.

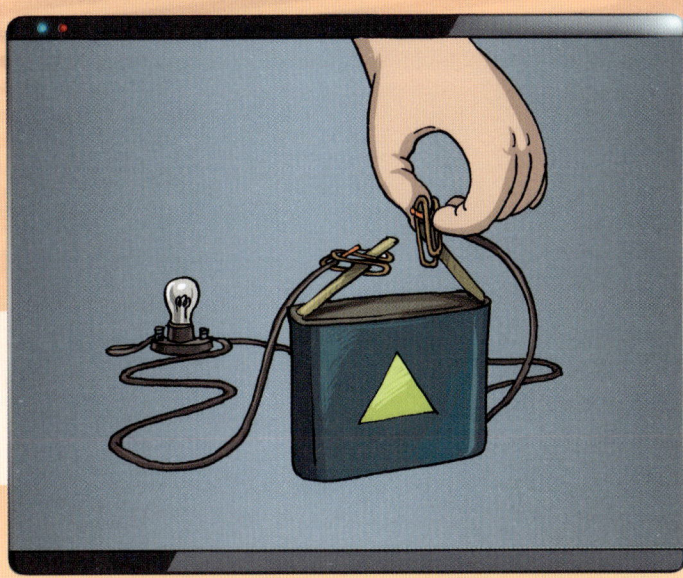

5 Wenn du die Büroklammern jetzt an den Kontaktfedern der Flachbatterie befestigst, ist der Stromkreis geschlossen und dein Glühbirnchen leuchtet.

6 Wenn du einen Schalter hast, kannst du einen der beiden Drähte durchschneiden, die Isolierung an den Kabelenden entfernen und mit den beiden Kontakten des Schalters verbinden. Dann kannst du dein Lämpchen auch ein- und ausschalten.

Was ist passiert?

Du hast einen richtigen Stromkreis aufgebaut: Die Flachbatterie ist eine Spannungsquelle. Mit den Drähten hast du die Verbindung zwischen dieser Spannungsquelle und dem Verbraucher hergestellt. So kann der Strom fließen und die elektrische Energie, die in der Batterie erzeugt wird, den Glühdraht in deinem Glühbirnchen leuchten lassen.

WARUM IST ES IM KÜHLSCHRANK KALT?

Der Kompressor

Im Kühlschrank gibt es Röhren und einen Kompressor. Sie sind mit Kühlmittel gefüllt, das normalerweise gasförmig ist. Der Kompressor, das ist eine Art Pumpe, sitzt unten im Kühlschrank. Er wird von einem Elektromotor angetrieben und drückt das Kühlmittel zusammen. Dabei wird es warm.

Der Weg des Kühlmittels

Das warme Kühlmittel fließt durch eine Leitung zum Kondensator. Das ist die Rohrschlange auf der Rückseite des Kühlschranks. Dort gibt es seine Wärme an die Luft ab und wird flüssig, denn wenn ein Gas abkühlt, wird es irgendwann flüssig. Normalerweise würde das Kühlmittel erst bei sehr großer Kälte flüssig. Wenn es aber wie hier unter hohem Druck steht, wird es auch schon bei Zimmertemperatur flüssig.

Das flüssige Kühlmittel fließt nun durch ein weiteres Rohr hinein in den Innenraum des Kühlschranks. Dort muss es durch eine Düse, die sogenannte Drossel, das ist eine ganz enge Stelle im Rohr, durch die immer nur wenig Kühlmittel passt. Dahinter ist der Verdampfer. Das ist eine weitere Rohrschlange, die über dem Eisfach sitzt. Weil das Rohr des Verdampfers hinter der Düse aber so dick ist wie vorher, hat das Kühlmittel auf einmal viel Platz. Dadurch sinkt der Druck und nun möchte sich das Kühlmittel ausdehnen und verdampfen.

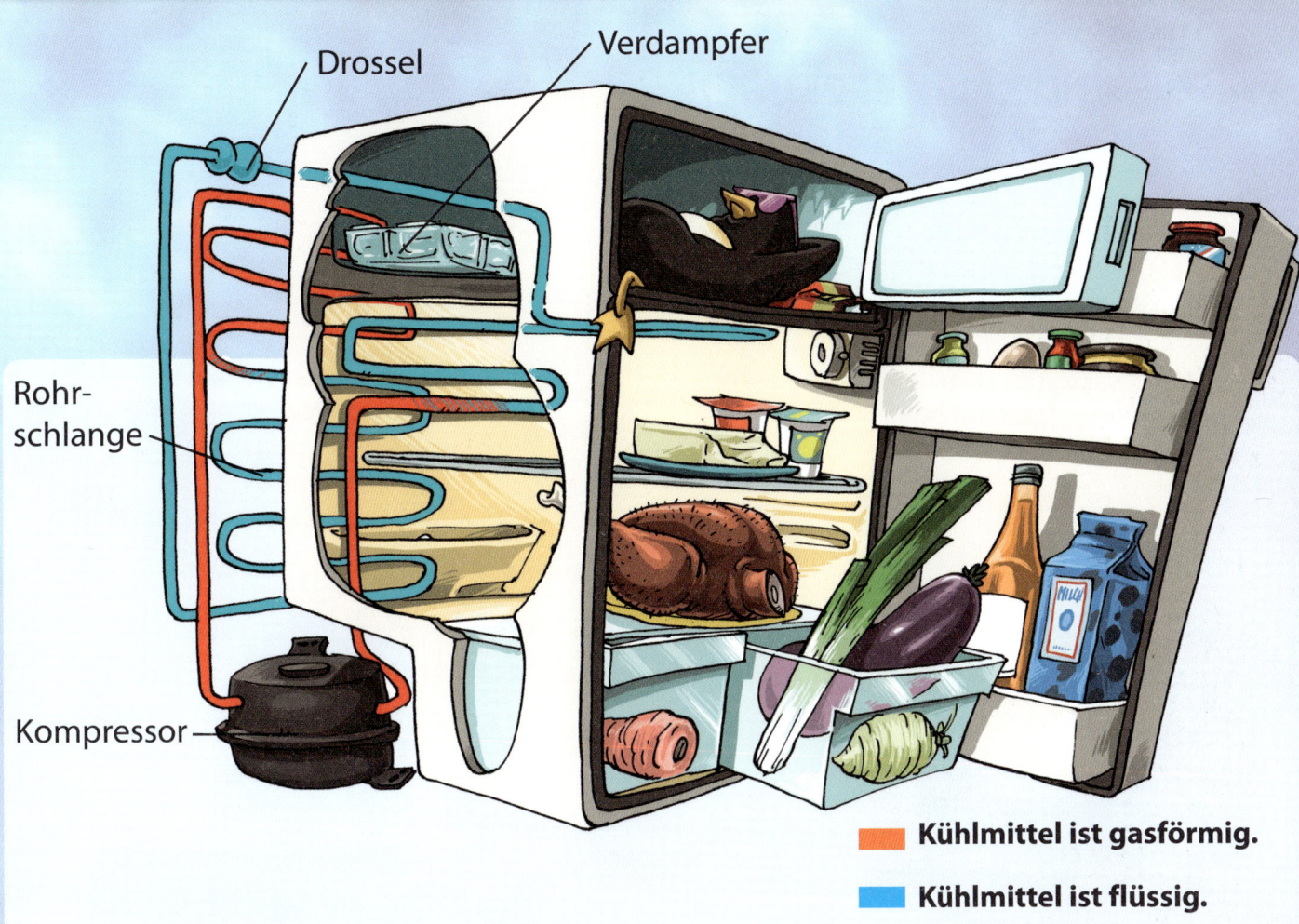

Drossel

Verdampfer

Rohr-
schlange

Kompressor

Kühlmittel ist gasförmig.

Kühlmittel ist flüssig.

Jetzt wird's kalt

Zum Ausdehnen und Verdampfen müsste das Kühlmittel nun eigentlich genau die Wärme haben, die sich vorher beim Zusammendrücken im Kompressor gebildet hat. Die hat es aber bereits im Kondensator abgegeben. Daher holt sich das Kühlmittel Wärme aus der Luft und den Dingen, die man in den Kühlschrank geräumt hat. Natürlich wird es ganz in der Nähe des Verdampfers am kältesten. Deswegen ist dort auch das Eisfach.

Das Kühlmittel, das im Verdampfer verdampft ist, ist jetzt wieder ein Gas. Dieses Gas strömt nun durch eine letzte Röhre wieder zurück zum Kompressor. Und dort beginnt das Ganze von vorn.

Das steckt dahinter:

Ein Gas ist ein Stoff, der weder fest noch flüssig ist, sondern gasförmig – so wie Luft. Wenn man ein Gas zusammen-drückt, wird es warm und bei viel Druck auch flüssig. Erlaubt man einem zusammengedrückten und dadurch verflüs-sigten Gas, sich auszudehnen und wieder ein Gas zu werden, wird es dabei kalt. Dieses Naturgesetz kann man ausnut-zen, um Kühlmaschinen, etwa für Kühlschränke, zu bauen.

Kühlt man das Gas nämlich ab, solange es noch zusammengedrückt ist, wird es nachher beim Ausdehnen kälter, als es vorher war. Das funktioniert besonders gut, wenn man das Gas so stark zusammendrückt, dass es flüssig wird.

WÄRME UND KÄLTE ERZEUGEN

Das brauchst du:

✓ 1 Fahrrad
✓ 1 passende Luftpumpe

So geht's:

1 Falls du noch nicht weißt, wie man ein Fahrrad aufpumpt, lass es dir von jemandem zeigen.

2 Nun probierst du es selbst. Fass dabei die Luftpumpe ziemlich weit vorn an, dann merkst du, wie sie beim Pumpen warm wird.

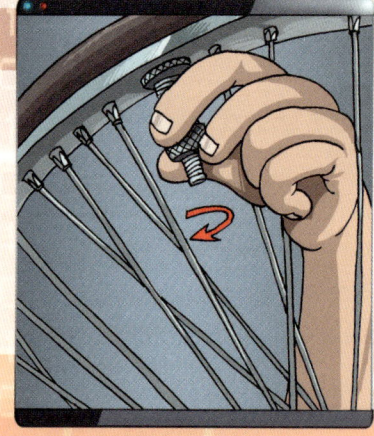

3 Lass das Fahrrad eine Weile im Schatten stehen. Dabei kühlt sich die Luft im Reifen ab, so wie das Kühlmittel im Kondensator des Kühlschranks.

4 Jetzt machst du die kleine Überwurfmutter am Ventil ein wenig auf, sodass Luft herauszischt.

5 Wenn du deinen Finger in die herauszischende Luft hältst, merkst du, dass es kalt wird.

Was ist passiert?

Beim Aufpumpen entstehen wie im Kompressor des Kühlschranks Wärme und Druck. Wenn du das Fahrrad stehen lässt, kühlt sich die Luft im Reifen wieder ab, steht aber immer noch unter Druck. Wenn die Luft wieder herauszischt, kann sie sich ausdehnen, wie das Kühlmittel im Verdampfer des Kühlschranks. Die Wärme, die sie zum Ausdehnen jetzt wieder braucht, holt sie sich aus der Umgebung. Diese wird dadurch kälter, was du mit deinem Finger spüren kannst.

WARUM IST ES DRINNEN AUCH IM WINTER WARM?

Offenes Feuer und Ofen

Wärme ist lebenswichtig. Daher war früher das Feuer der Mittelpunkt des Familienlebens. Zuerst das offene Feuer, später ein einfacher Herd in der Mitte der Behausung. Diese bestand zu Anfang nur aus einem Raum, in dem man wohnte, schlief, aß und auch alle möglichen Arbeiten verrichtete.

Irgendwann erfand man den Ofen, bei dem das Feuer in einem geschlossenen Raum brennt. Außerdem hat der Ofen einen Kamin. Im Kamin steigt der heiße Rauch auf, weil er leichter ist als die kalte Luft draußen. Darum strömt von außen frische Luft in den Ofen nach und facht das Feuer an. Je höher der Kamin ist, umso besser funktioniert das.

Die Zentralheizung

Als Wohnungen und Häuser immer mehr Zimmer bekamen, gab es auch Öfen in mehreren Räumen. Heutzutage gibt es in vielen Häusern wieder nur noch einen Ofen – aber trotzdem ist es in jedem Zimmer warm! Das verdanken wir der Warmwasserzentralheizung.

Bei der Zentralheizung steht ein einziger großer Ofen im Keller. Er wird mit Öl, Gas oder auch Holz beheizt. Anders als ein Zimmerofen heizt er nicht mit der Wärme, die er abstrahlt, sondern macht Wasser in einem Kessel warm. Von diesem Kessel führen Rohre in die verschiedenen Räume des Hauses zu den einzelnen Heizkörpern. Und von den Heizkörpern führen Rohre wieder zurück zum Kessel.

Der Weg des warmen Wassers

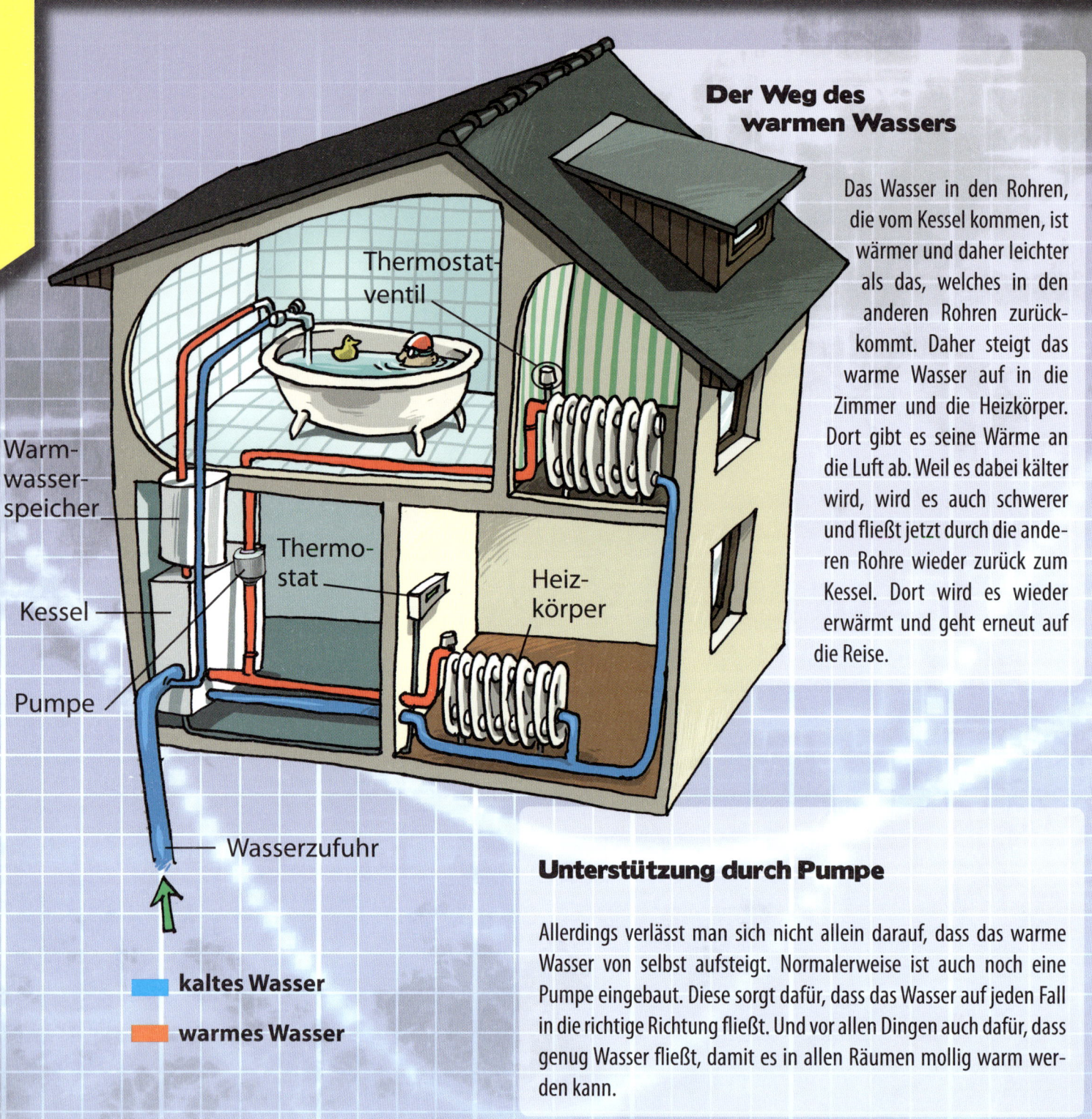

Das Wasser in den Rohren, die vom Kessel kommen, ist wärmer und daher leichter als das, welches in den anderen Rohren zurückkommt. Daher steigt das warme Wasser auf in die Zimmer und die Heizkörper. Dort gibt es seine Wärme an die Luft ab. Weil es dabei kälter wird, wird es auch schwerer und fließt jetzt durch die anderen Rohre wieder zurück zum Kessel. Dort wird es wieder erwärmt und geht erneut auf die Reise.

Thermostat-ventil

Warm-wasser-speicher

Thermo-stat

Heiz-körper

Kessel

Pumpe

Wasserzufuhr

■ **kaltes Wasser**

■ **warmes Wasser**

Unterstützung durch Pumpe

Allerdings verlässt man sich nicht allein darauf, dass das warme Wasser von selbst aufsteigt. Normalerweise ist auch noch eine Pumpe eingebaut. Diese sorgt dafür, dass das Wasser auf jeden Fall in die richtige Richtung fließt. Und vor allen Dingen auch dafür, dass genug Wasser fließt, damit es in allen Räumen mollig warm werden kann.

Das steckt dahinter:

Wärme kann man transportieren, indem man eine Flüssigkeit warm macht und sie dorthin fließen lässt, wo es warm werden soll. Wasser kann sehr viel Wärme aufnehmen und eignet sich daher sehr gut dazu, Wärme zu transportieren. Da warmes Wasser sich ausdehnt, wird es leichter als kaltes. Darum steigt es in der Heizung von selbst vom Kessel im Keller hinauf zu den Heizkörpern in den Wohnräumen. Wenn es sich dort abkühlt, wird es wieder schwerer und sinkt daher durch die Rückleitungen zurück in den Keller.

BAU DIR EINEN OFEN

Das brauchst du:

- ✓ 1 leere Getränkedose
- ✓ 1 Teelicht
- ✓ 1 Taschenmesser
- ✓ Streichhölzer oder 1 Feuerzeug

So geht's:

1 Mit dem Taschenmesser schneidest du ein viereckiges Loch in die Wand der Dose. Lass dir dabei von einem Erwachsenen helfen. Das Loch sollte so groß sein, dass das Teelicht gerade hineinpasst.

2 Stell das Teelicht in die Dose.

3 Zünde das Teelicht an.

4 Wärm dir die Hände an deinem Miniofen!

Was ist passiert?

Das Teelicht brennt geschützt wie das Feuer in einem richtigen Ofen. Die warme Luft steigt auf und entweicht durch das Trinkloch oben in der Dose. Dadurch wird kältere Luft von außen durch das Türchen in deinen Ofen gezogen, sodass die Flamme des Teelichts immer genug Sauerstoff bekommt.

WARUM PASST NUR UNSER SCHLÜSSEL IN UNSER HAUSTÜRSCHLOSS?

Schlösservielfalt

Schlösser gibt es einfache und komplizierte. Je nachdem, wie sicher man es haben möchte, nimmt man ein billigeres oder ein aufwendigeres.

Das Buntbartschloss

Bei einem Buntbartschloss muss lediglich die Form des Schlüsselbartes durch das Schlüsselloch passen, damit man den Schlüssel ins Schloss bekommt. Wenn er hineingeht, kann man ihn auch drehen. Er schiebt dann den Riegel zurück und das Schloss ist offen.

Ein solches Schloss bekommt man mit etwas Geschick und einem verbogenen Nagel auf. Von Sicherheit kann man hier natürlich nicht sprechen.

Das Zylinderschloss

Ein Zylinderschloss ist schon deutlich schwieriger zu knacken. Damit der Riegel zurückgeht, muss man den Schließzylinder drehen. Wie du in der Abbildung sehen kannst, hat der Schließzylinder ein paar Bohrungen, in denen Stifte stecken. Das sind die Zuhaltungsstifte. Über jeder der Bohrungen im Schließzylinder gibt es auch eine Bohrung im Gehäuse. In diesen Bohrungen stecken die Sperrstifte, die von kleinen Federn nach unten gedrückt werden.

Wenn kein Schlüssel im Schloss steckt, können die Zuhaltungsstifte ganz nach unten fallen. Jetzt drücken die Federn die Sperrstifte in die Bohrungen im Schließzylinder. Die Sperrstifte verhindern nun, dass sich der Schließzylinder dreht.

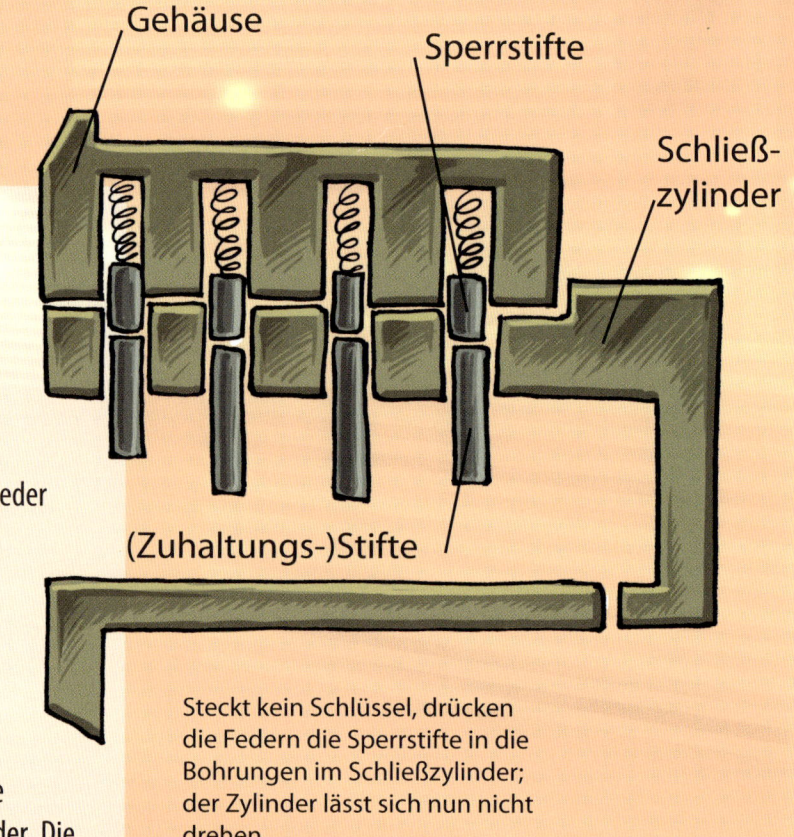

Gehäuse

Sperrstifte

Schließzylinder

(Zuhaltungs-)Stifte

Steckt kein Schlüssel, drücken die Federn die Sperrstifte in die Bohrungen im Schließzylinder; der Zylinder lässt sich nun nicht drehen.

Wenn der Schlüssel passt

Die Längen der Zuhaltungsstifte sind von Schloss zu Schloss verschieden. Nur wenn man den Schlüssel ins Schloss steckt, der genau die richtigen Zacken hat, kann man den Schließzylinder drehen.

Nur dann drückt jeder der Zuhaltungsstifte seinen Sperrstift genau so hoch, dass er gerade in seiner Bohrung im Gehäuse verschwindet. Ist eine Kerbe zu tief, steckt von oben ein Stück vom Sperrstift im Zylinder. Ist sie nicht tief genug, ragt der Zuhaltungsstift aus dem Zylinder in das Gehäuse. In beiden Fällen ist der Schließzylinder blockiert und man kann das Schloss nicht öffnen.

(Zuhaltungs-)Stifte

Gehäuse

Federn

Sperrstifte

Schließzylinder

Schlüssel

Profi-Schlossknacker

Mit sehr viel Geschick kann man aber auch ein Zylinderschloss knacken. Diese Kunst heißt „Lockpicking". Das ist das englische Wort für Schlossknacken. Außer den Leuten vom Schlüsseldienst, die dir helfen, wenn du dich ausgesperrt hast, gibt es auch welche, die das zum Spaß und um die Wette machen. Es gibt sogar Meisterschaften im Lockpicking.

WARUM WIRD DAS ESSEN IN DER MIKROWELLE SO SCHNELL WARM?

Das steckt dahinter:

Alle Stoffe bestehen im Grunde aus kleinen Teilchen. Diese Teilchen schwingen ständig. Je schneller sie schwingen, umso höher ist die Temperatur. Wärme ist also nichts anderes als die Schwingungen der kleinen Teilchen in der Materie.

Erwärmen von außen

Im Topf, im Backofen oder auf dem Grill werden Speisen nur von außen erwärmt. So beginnen zunächst nur die Teilchen an der Oberfläche stärker zu schwingen. Erst nach und nach schwingen auch die Teilchen in tieferen Schichten schneller. Die Wärme dringt langsam von außen nach innen vor.

Erwärmung von innen

Der Mikrowellenherd hingegen arbeitet mit elektromagnetischen Wellen. Die kannst du dir so ähnlich vorstellen wie die Funkwellen, mit denen Fernseh- und Radiosendungen übertragen werden. Funkwellen sind Schwingungen, als Mikrowellen bezeichnet man ganz besonders schnell schwingende Funkwellen.

Solche Mikrowellen können durch Stoffe wie Fleisch oder Pizzateig hindurchgehen. Die Geschwindigkeit, mit der sie schwingen, ist aber auch geeignet, um die Wasserteilchen in einem Stück Fleisch oder einer Pizza mitschwingen zu lassen. Und wenn Teilchen schneller schwingen, bedeutet das ja, dass der Stoff wärmer wird. Die Mikrowellen lassen also überall im Inneren der Speisen, die man mit ihnen erwärmt, Wärme entstehen. Und so geht das Erwärmen natürlich viel schneller.

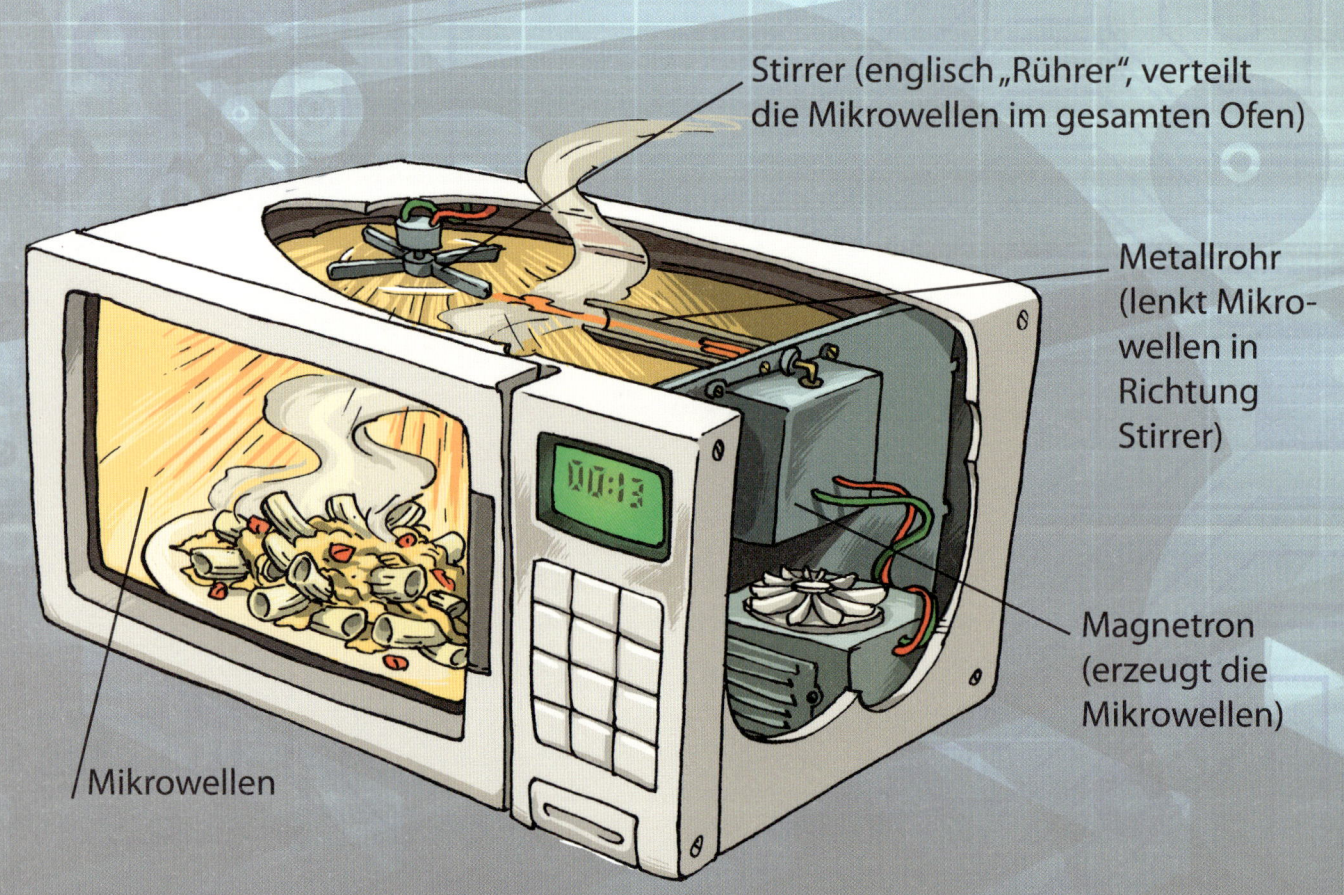

Stirrer (englisch „Rührer", verteilt die Mikrowellen im gesamten Ofen)

Metallrohr (lenkt Mikrowellen in Richtung Stirrer)

Magnetron (erzeugt die Mikrowellen)

Mikrowellen

LEISTUNG DER MIKROWELLE ÜBERPRÜFEN

Das brauchst du: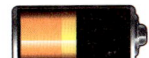

- ✓ 1 Mikrowelle
- ✓ Genau 1 Liter kaltes Wasser in einem mikrowellen-geeigneten Gefäß
- ✓ 1 Thermometer (am besten Küchenthermometer)
- ✓ Stift und Papier

So geht's:

1 Miss die Temperatur des kalten Wassers und schreib sie dir auf.

2 Stell das Gefäß mit dem kalten Wasser in die Mikrowelle.

3 Stell die Mikrowelle bei voller Leistung auf genau zwei Minuten ein.

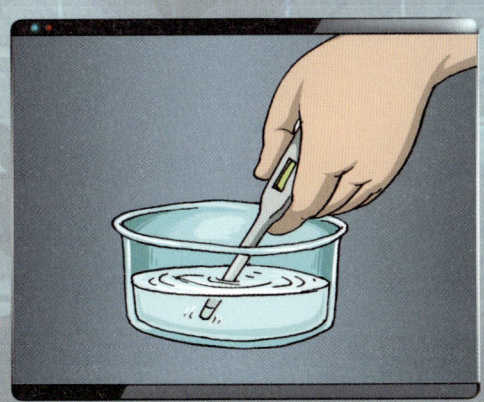

4 Erwärme das Wasser nun genau zwei Minuten lang.

5 Miss die Temperatur, die das Wasser jetzt hat.

6 Rechne aus, um wie viel Grad sich das Wasser erwärmt hat.

7 Multipliziere die Gradzahl mit 35.

8 Die Zahl, die herauskommt, sollte in etwa so groß sein wie die Wattzahl eurer Mikrowelle. Wenn sie kleiner ist, dann hat die Leistung der Mikrowelle schon nachgelassen.

Was ist passiert?

Watt (W) ist die Einheit der Leistung. Je größer die Leistung der Mikrowelle, umso schneller kann sie das Wasser erwärmen. Daher wird das Wasser sich in den zwei Minuten umso stärker erwärmen, je größer die Wattzahl der Mikrowelle ist.

WOHER KOMMT DAS WASSER AUS DEM HAHN?

Hahn auf, Hahn zu

In jedem Haus führen Wasserrohre in den Wänden überall dahin, wo du Wasser brauchst: in die Küche, ins Bad und vielleicht auch nach draußen in den Garten. Damit nun das Wasser nicht ständig einfach so aus der Wand läuft, ist überall da, wo ein Wasserrohr endet, ein Wasserhahn. Drehst du ihn auf, läuft Wasser heraus. Hast du genug Wasser, drehst du ihn einfach wieder zu.

Im Wasserhahn gibt es eine waagerechte Trennwand. Sie hat ein Loch, durch das das Wasser fließen kann. Über dem Loch sitzt der Ventilteller, das ist eine Scheibe mit einer Gummidichtung. Wenn du am Griff des Wasserhahns im Uhrzeigersinn drehst oder den Hebel des Wasserhahns nach unten drückst, schraubst oder drückst du den Ventilteller nach unten. Er drückt dann auf das Loch in der Trennwand und lässt kein Wasser durch. Jetzt ist der Wasserhahn zu.

Drehst du in die andere Richtung oder drückst den Hebel nach oben, hebt sich der Ventilteller und gibt das Loch frei. Jetzt ist der Hahn offen und Wasser kann fließen.

Wasserhahn zu

Wasserhahn auf

Ventilteller

Gummidichtung

Trennwand

Das steckt dahinter:

Wasserturm und Wasserleitung

Das Wasser für die Wasserhähne in deinem Haus kommt aus einem Wasserhochbehälter auf einem Berg in der Nähe. Oder, wenn es keine Berge gibt, aus einem Wasserturm. Der Hochbehälter muss immer höher gelegen sein als der höchste Wasserhahn, den er versorgt. Dann fließt das Wasser von selbst durch die Rohre zu den Wasserhähnen. Damit die Hochbehälter nicht leer werden, pumpt das Wasserwerk immer wieder neues Wasser hinein.

BAU DIR EINEN WASSERHAHN

Das brauchst du:

✓ 1 leere Konservendose
✓ 1 kräftigen Nagel
✓ 1 Hammer
✓ 1 Brettchen
✓ Etwas Wasser

So geht's:

1 Stell die Konservendose mit dem Boden nach oben auf das Brettchen.

2 Mach mit dem Nagel und dem Hammer ein kleines Loch in den Boden der Konservendose. Das Loch darf aber nicht so groß sein, dass der Nagel durchgeht. Nur die Spitze darf gerade so eben durch das Blech gucken. Lass dir dabei von einem Erwachsenen helfen.

3 Füll ein wenig Wasser in die Dose.

4 Mit der Spitze des Nagels kannst du nun das Loch im Boden zuhalten und freigegeben – also deinen Wasserhahn auf- und zumachen.

Was ist passiert?

Die Spitze des Nagels passt genau in das Loch, das du ja mit ihr gemacht hast. Deswegen kannst du es mit ihr recht gut verschließen. Das funktioniert fast so gut wie der Ventilteller im Wasserhahn.

WOHER KOMMT DAS WASSER IN DER TOILETTENSPÜLUNG?

Schon wenn man die Toilette spült, braucht man ziemlich viel Wasser auf einmal. Das Wasser kommt aus dem Spülkasten. Wie das genau funktioniert, siehst du in dem Bild: Normalerweise ist der Spülkasten voll mit Wasser. Wenn du dein Geschäftchen gemacht hast, drückst du auf die Taste, mit der man spült.

Schon gewusst?

Durch die Toilette wird mit ungefähr 44 Litern pro Person und Tag das meiste Wasser im Haushalt verbraucht. Denk deshalb daran, nachdem du dein Geschäft erledigt hast, immer die Spartaste zu drücken.

Spültaste

Spülkasten

Wasserhahn

Wasserleitung

Ablauf
(Rohr zur Schüssel)

Schwimmer

Stöpsel

Einlassrohr

Die Kastenspülung

Drückst du auf die Spültaste, hebt sich der Stöpsel, der in der Mitte eingezeichnet ist. Jetzt kann das Wasser mit großer Geschwindigkeit aus dem Spülkasten durch das Rohr in die Toilettenschüssel fließen und dein Geschäftchen mitnehmen.

Wenn du die Spültaste loslässt, geht der Stöpsel wieder nach unten und verschließt den Ablauf. Weil jetzt kein Wasser mehr im Spülkasten ist, ist der Schwimmer, den du in der Zeichnung siehst, nach unten gesunken. Dabei öffnet er eine Art Wasserhahn. Nun fließt Wasser aus der Wasserleitung in den Spülkasten und füllt ihn wieder. Dabei steigt auch der Schwimmer wieder auf und wenn er ganz oben ist, sperrt er den Zulauf.

BAU DIR EINEN SPÜLKASTEN

Das brauchst du:

✓ 1 leeren Joghurtbecher
✓ 1 Messer
✓ 1 Waschbecken mit Wasserhahn
✓ Etwas Salz oder Zucker

So geht's:

1 Mach mit dem Messer ein Loch in den Boden des Joghurtbechers, und zwar so groß, dass du es gerade noch mit dem Finger zuhalten kannst. Lass dir dabei von einem Erwachsenen helfen.

2 Streu ein Häufchen Salz oder Zucker unter den Wasserhahn ins Waschbecken.

3 Mach nun den Wasserhahn ein ganz kleines bisschen auf. Das dünne Rinnsal aus dem Wasserhahn tut sich schwer, das Salz oder den Zucker wegzuspülen.

4 Streu ein neues Häufchen Salz oder Zucker unter den Wasserhahn und halte deinen Joghurtbecher so darüber, dass das Loch über dem Häufchen ist.

5 Halte das Loch mit dem Finger zu und mach den Wasserhahn wieder so weit auf wie vorher.

6 Warte, bis der Joghurtbecher fast ganz vollgelaufen ist. Nimm dann den Finger weg.

7 Der Wasserstrahl aus dem Loch spült das Häufchen viel besser weg, als vorher das dünne Rinnsal.

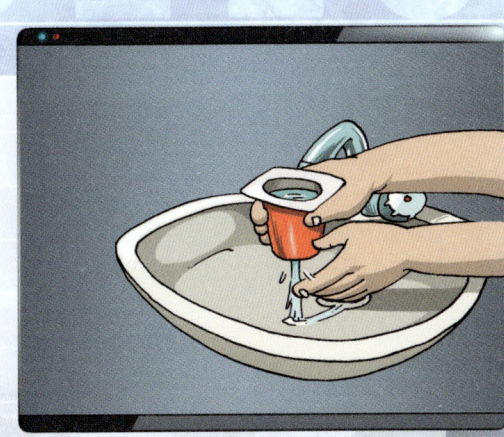

Was ist passiert?

In deinem Joghurtbecher hast du das Wasser gesammelt wie in einem Spülkasten. Dann hast du das ganze Wasser durch das Loch im Boden ziemlich schnell ausströmen lassen. Das hat dann wahrscheinlich gereicht, um dein Häufchen wegzuspülen.

KOMMUNIKATION

Die Elektrizität macht eine Menge mehr möglich als nur elektrisches Licht. Auch in Computer, Telefon und Handy ist Elektrizität am Werk. Der Computer ist ein tolles Werkzeug, das uns viele Arbeiten erleichtert. Mit dem Telefon ersparen wir uns manchen Weg. Und mit dem Handy bleiben wir auch unterwegs in Verbindung.

KÖNNEN COMPUTER DENKEN?

Fast in jedem Haushalt gibt es heute einen Computer. Außerdem sind Computer in vielen Maschinen und Geräten eingebaut, um so die Bedienung zu erleichtern.

Auf den ersten Blick könnte man meinen, dass Computer sehr schlau sind. Stimmt aber nicht. Computer sind Maschinen und Maschinen können nicht schlau sein. Ein Computer kann lediglich sehr schnell rechnen und sich viele Zahlen merken. Das macht er mithilfe von elektrischem Strom. Wie das ganz genau funktioniert, verstehen nur wenige Menschen, weil es mit sehr viel komplizierter Elektronik zu tun hat. Man muss es aber auch nicht genau verstehen, um mit einem Computer umgehen zu können. Es reicht, wenn man weiß, was ein Computer im Prinzip macht. Und wenn du das verstehst, weißt du sogar mehr über Computer als viele Erwachsene.

Der Arbeitsspeicher

Im Arbeitsspeicher des Computers gibt es lauter kleine Plätze, an denen der Computer jeweils eine Zahl aufheben kann. Jeder dieser Plätze hat eine Nummer, das ist seine Adresse. Damit findet der Computer die gespeicherten Zahlen wieder.

Ein Computer arbeitet nur mit Zahlen.

00000001111000010101

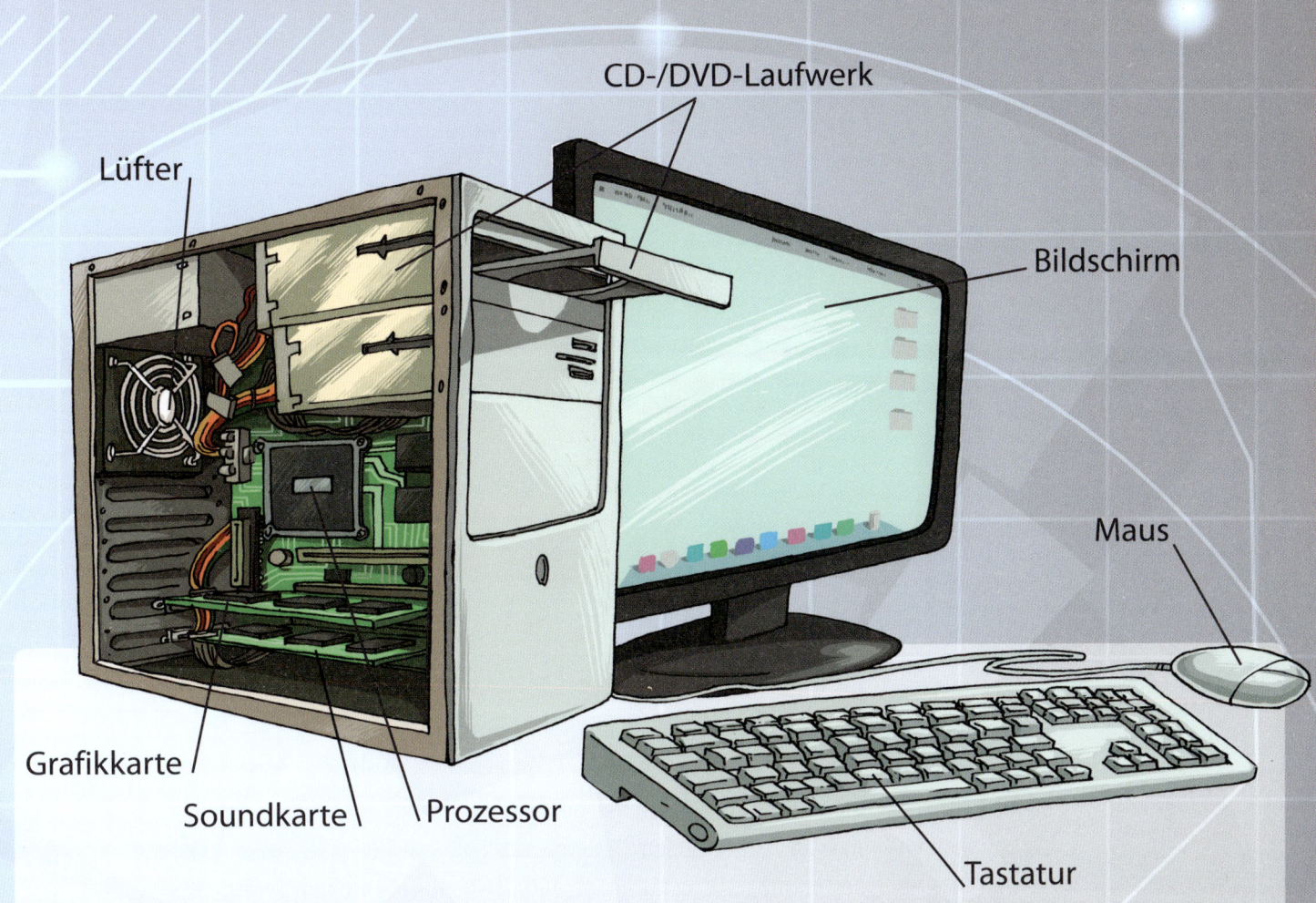

CD-/DVD-Laufwerk

Lüfter

Bildschirm

Maus

Grafikkarte

Soundkarte

Prozessor

Tastatur

Die wichtigsten Teile eines Computers

Ein Computer muss mindestens aus vier Dingen bestehen: einer Zentraleinheit, das ist der Prozessor, der die Arbeitsabläufe innerhalb eines Computers steuert, einem Arbeitsspeicher, einer Eingabeeinheit und einer Ausgabeeinheit. Die Eingabeeinheit ist normalerweise eine Tastatur und die Ausgabeeinheit ein Bildschirm. Damit man mit ihm vernünftig arbeiten kann, braucht ein Computer noch ein fünftes Ding, nämlich einen Massenspeicher. Auf dem Massenspeicher, das ist zum Beispiel eine Festplatte oder ein Speicherstick, bleiben die gespeicherten Daten auch erhalten, wenn man den Computer ausschaltet. Dort hebt man die Programme auf, mit denen man arbeitet. Auch die Dinge, die du mit dem Computer machst, zum Beispiel den Brief an deine Oma, speicherst du dort. Dann ist alles noch da, wenn du das nächste Mal den Computer einschaltest.

Lauter Zahlen...

Ein Computer arbeitet mit Zahlen. Alles, was im Computer gespeichert ist, wird mit Zahlen beschrieben. Zum Beispiel haben alle Buchstaben des Alphabets, alle Ziffern und Sonderzeichen, wie zum Beispiel Klammern oder Anführungszeichen, eine Nummer. Wenn du mit einer Textverarbeitung arbeitest, speichert der Computer die Nummern der Buchstaben und Satzzeichen, die du eingibst. Auch das Aussehen der Buchstaben, die Schriftgröße und die Schriftart sind in Form von Zahlen gespeichert.

Befehlsketten

Im Arbeitsspeicher stehen auch die Programme, mit denen der Computer gerade arbeitet. Auch sie bestehen im Grunde aus lauter Zahlen. Der Prozessor holt sich eine solche Zahl und diese bewirkt, dass eine bestimmte Aktion stattfindet. Zum Beispiel kann sie ihm sagen, dass die nächsten Zahlen, die er findet, Adressen sind, von denen er zwei weitere Zahlen holen muss, die er zusammenzählen soll. Wenn er einen solchen Befehl dann vollständig ausgeführt hat, holt er sich den nächsten, führt diesen aus und so weiter.

Der Prozessor kann eine ganze Menge verschiedener solcher Befehle ausführen. Alle großen, komplizierten Dinge, die der Computer tut, bestehen letztendlich aus lauter solchen kleinen Befehlen. Wenn du zum Beispiel einen Brief schreibst und einen Buchstaben eintippst, werden eine ganze Menge kleiner Befehle ausgeführt. Zusammen bewirken sie, dass der Computer den Buchstaben speichert und ihn gleichzeitig auf dem Bildschirm anzeigt.

Das Betriebssystem

Wenn du deinen Computer einschaltest, fährt er erst einmal hoch. Von der Festplatte holt er sich dabei verschiedene Programme. Diese Programme bilden zusammen das Betriebssystem, zum Beispiel Windows. Der Computer braucht das Betriebssystem, damit man ihn bedienen und die Programme benutzen kann. Es sorgt zum Beispiel dafür, dass der Computer es merkt, wenn du eine Taste drückst oder mit der Maus klickst. Je nachdem, was du für eine Taste gedrückt hast oder wohin du mit der Maus geklickt hast, passiert dann etwas Bestimmtes.

Bildschirm und Grafikkarte

Das Betriebssystem bewirkt auch, dass die Ausgaben der Programme auf dem Bildschirm angezeigt werden. Wenn du einen Brief schreibst und ein Wort eintippst, gibt das Betriebssystem Befehle an die Grafikkarte, die dann dafür sorgt, dass die eingetippten Buchstaben auf dem Bildschirm zu sehen sind.

Motherboard mit Grafikkarte und Soundkarte

Bilder aus Pixeln

Wenn du einen Bildschirm genau anschaust, am besten mit einer Lupe, siehst du, dass er aus lauter kleinen Punkten besteht. Diese Punkte heißen Pixel. Sie sind sozusagen kleine Mosaiksteinchen, aus denen das Bild auf dem Bildschirm zusammengesetzt ist.

Die Pixel können in drei verschiedenen Farben leuchten: Rot, Grün und Blau. Wenn man diese drei Farben verschieden stark leuchten lässt, kann man damit alle Farben erzeugen, die der Bildschirm darstellen kann. Für den Computer ist jede Farbe eine Kombination aus drei Zahlen, die ihm sagen, wie viel Rot, Grün und Blau darin enthalten ist.

Über die USB-Schnittstellen am Computer lassen sich Scanner oder Drucker anschließen.

Zahlen ergeben Farben

Die Grafikkarte im Computer kennt jeden einzelnen dieser Pixel ganz genau. Je nachdem, was auf dem Bildschirm zu sehen sein soll, lässt sie jeden Pixel in der richtigen Farbe leuchten. Die nötigen Informationen dafür bekommt sie vom Prozessor. Der rechnet zum Beispiel aus, wie der Brief an deine Oma auf dem Bildschirm aussehen muss, und schickt die Zahlen an die Grafikkarte, damit sie deinen Brief auf dem Bildschirm darstellen kann.

Schnittstellen und Netzwerk

Zusatzgeräte wie Drucker und Scanner werden mit Kabeln an die USB-Schnittstellen am Computer angeschlossen. Über diese Kabel schickt der Computer Zahlen in Form von kleinen Stromstößen. Ein angeschlossener Drucker „weiß" anhand dieser Zahlen, was er drucken soll. Auf die gleiche Art und Weise kann der Computer über die Schnittstellen aber auch Zahlen empfangen. Zum Beispiel bekommt er vom Scanner die Zahlen, die das Bild beschreiben, das du gerade einscannst.

Schon gewusst?

Die ersten Computer waren so groß wie Häuser und brauchten so viel Strom wie eine Elektrolokomotive. Trotzdem konnten sie lange nicht das, was heute ein Computer kann. Erst mit der Zeit lernte man, Computer zu bauen, die immer kleiner und immer leistungsfähiger wurden.

Riesig! Der Z3 von Konrad Zuse (1910–1995) war einer der ersten Computer.

WOHER WEISS DER COMPUTER, WELCHE TASTE ICH DRÜCKE?

Der Tastaturprozessor

Wie alles, was mit dem Computer zu tun hat, funktioniert auch die Tastatur mit Zahlen und elektrischem Strom. Wenn du eine Taste drückst, betätigst du einen kleinen elektrischen Schalter. Diese Schalter sind mit einer Art kleinem Computer verbunden, dem Tastaturprozessor. Dieser Tastaturprozessor erkennt, welche Taste du gedrückt hast. Jede Taste hat eine Nummer und diese Nummer schickt der Tastaturprozessor über das Tastaturkabel in Form von kleinen Stromstößen an den Computer.

Der Tastaturtreiber

Zum Betriebssystem des Computers gehört ein kleines Programm, das Tastaturtreiber heißt. Dieses erkennt die Nummer der gedrückten Taste. Nun gibt es ein kleines Problem: Je nach Sprache können die Buchstaben an verschiedenen Stellen der Tastatur angeordnet sein – oder es sind sogar gar keine lateinischen Buchstaben auf der Tastatur, sondern kyrillische oder griechische oder arabische. Der Computer ist aber auf die Sprache seines Benutzers eingestellt. Zu dieser Einstellung gehört auch eine Art Liste mit den Buchstaben der jeweiligen Sprache. Aus der kann der Tastaturtreiber entnehmen, welcher Buchstabe oder welches Zeichen zu der gerade gedrückten Taste gehört.

Daher weiß er zum Beispiel, dass du gerade das große „L" von „Liebe Oma …" getippt hast. Er gibt nun die Nummer dieses Buchstabens an das Textverarbeitungsprogramm weiter. Und das sorgt dafür, dass dieser Buchstabe im Speicher aufgehoben und gleichzeitig von der Grafikkarte auf deinem Bildschirm angezeigt wird.

Die Funktionstasten

Manche Tasten sind auch gar nicht mit Buchstaben verbunden, sondern bewirken, dass etwas Bestimmtes passiert: Wenn du die Taste „F1" drückst, sorgt der Tastaturtreiber dafür, dass dir die Hilfe zu dem Programm angezeigt wird, mit dem du gerade arbeitest.

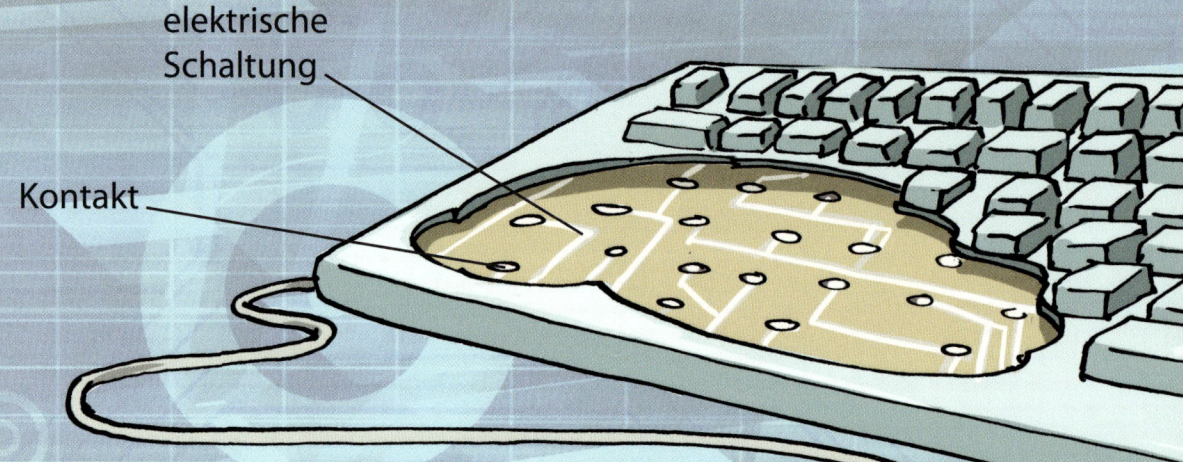

elektrische Schaltung

Kontakt

Federung

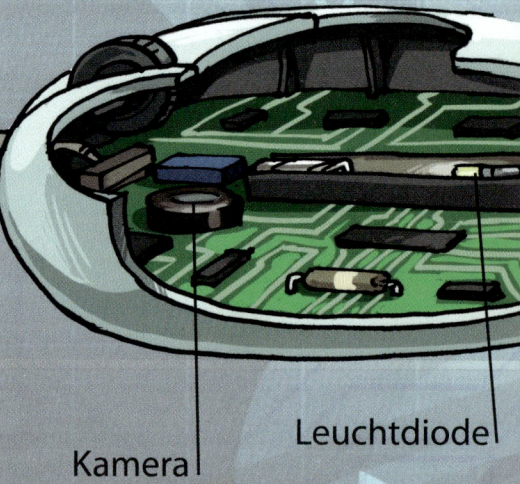

Kamera

Leuchtdiode

Die Maus

Schon seit vielen Jahren gehört eigentlich zu jedem Computer eine Maus. Aber wie kommt es, dass sich der Mauszeiger auf dem Bildschirm bewegt, wenn du die Maus auf dem Tisch verschiebst?

Bei modernen Mäusen funktioniert das mit Licht: In der Maus ist eine kleine rote Leuchtdiode, welche die Tischoberfläche beleuchtet. Du kannst das sehen, wenn du eine eingestöpselte Maus von unten anschaust. Außerdem steckt in der Maus so etwas wie eine ganz kleine und ganz einfache Videokamera. Diese nimmt die Oberfläche deines Tisches oder deines Mousepads auf. Wenn du die Maus verschiebst, merkt ein kleiner Computer, der in der Maus steckt, dass sich das Bild dieser kleinen Videokamera verändert. Aus der Art, wie sich das Bild verändert, weiß er auch, in welche Richtung und wie weit du die Maus verschiebst.

Taste

Kontakt

elektrische
Schaltung

Chip

Der Maustreiber

Aus jeder Verschiebung der Maus werden wieder einmal Zahlen gemacht. Und die gehen – genau wie bei der Tastatur – als Stromstöße über das Kabel an den Computer. Zum Betriebssystem gehört auch ein weiteres kleines Programm, der Maustreiber. Dieser Maustreiber erkennt die Informationen, die über das Kabel von der Maus kommen, und sorgt dafür, dass die Grafikkarte den Mauszeiger an der Stelle anzeigt, an den du ihn mit der Maus verschoben hast. Das passiert bei jeder kleinen Bewegung der Maus, sodass du sogar sehen kannst, wie der Mauszeiger über den Bildschirm wandert, wenn du die Maus verschiebst.

Ohne Maus

Als es noch keine Mäuse und keine Icons und Schaltflächen auf dem Bildschirm gab, musste man dem Computer alles mit der Tastatur sagen. Zum Beispiel musste man, wenn man ein Programm starten wollte, den Namen des Programms eintippen. Und wenn man in einen anderen Ordner wechseln wollte, musste man „CD" und den Namen des Ordners eintippen. Und wenn man sehen wollte, was in dem Ordner drin ist, musste man „DIR" eintippen. Dann bekam man eine Liste mit den Dateien angezeigt, die darin enthalten waren.

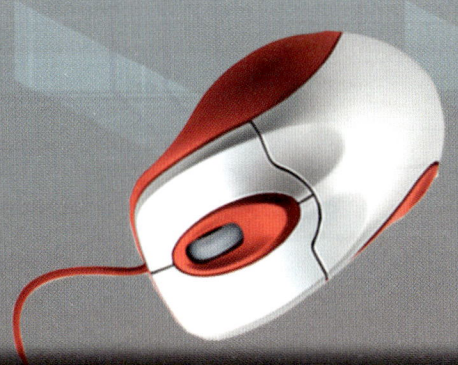

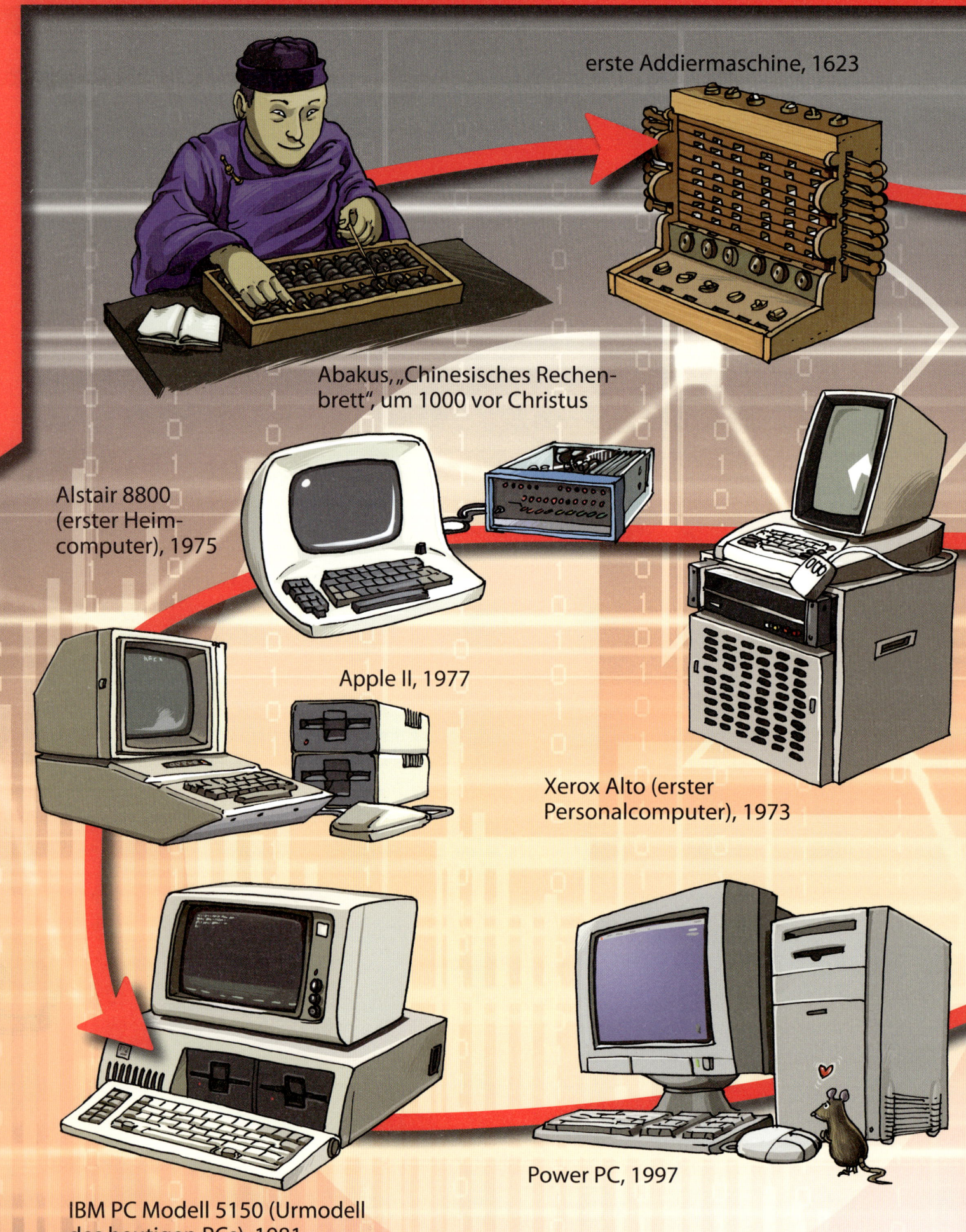

erste Addiermaschine, 1623

Abakus, „Chinesisches Rechen-
brett", um 1000 vor Christus

Alstair 8800
(erster Heim-
computer), 1975

Apple II, 1977

Xerox Alto (erster
Personalcomputer), 1973

IBM PC Modell 5150 (Urmodell
des heutigen PCs), 1981

Power PC, 1997

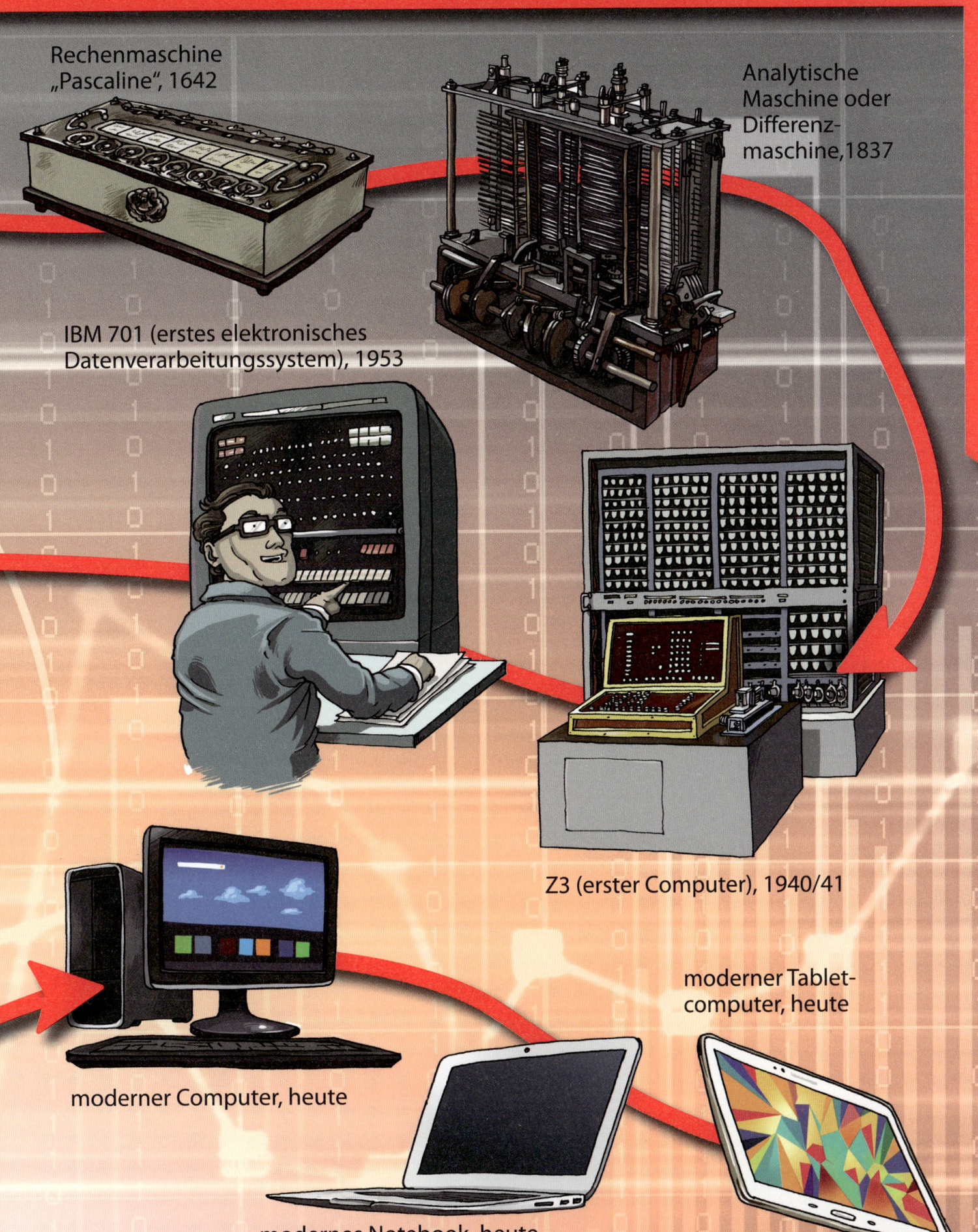

Rechenmaschine „Pascaline", 1642

Analytische Maschine oder Differenz-maschine,1837

IBM 701 (erstes elektronisches Datenverarbeitungssystem), 1953

Z3 (erster Computer), 1940/41

moderner Tablet-computer, heute

moderner Computer, heute

modernes Notebook, heute

WIE KANN DER DRUCKER SCHREIBEN UND MALEN?

Im Kapitel über den Computer hast du erfahren, dass das Bild auf dem Bildschirm aus lauter kleinen einzelnen Pünktchen, den Pixeln, besteht. Genauso ist das auch bei Dokumenten, die du mit dem Computerdrucker ausgedruckt hast. Nur sind hier die Pixel noch viel kleiner als auf dem Bildschirm, sodass man sie kaum mit einer Lupe erkennen kann.

Der Druckertreiber

Wenn du ein Bild oder einen Text, der vielleicht auch ein Bild enthält, drucken willst, zum Beispiel den Brief an deine Oma, schickt der Computer dieses Dokument an den Drucker. Dazu gibt es im Betriebssystem ein kleines Programm, welches man Druckertreiber nennt. Der Druckertreiber übersetzt die Daten aus dem Speicher deines Computers in eine Sprache, die der Drucker versteht. Das Ganze geht dann – natürlich wieder in Form von Stromstößen, die Zahlen darstellen – über das Druckerkabel an den Drucker. Im Prinzip sagt der Computer dem Drucker, wo er auf dem Papier Pixel drucken soll und wo nicht, damit das Ganze dann so aussieht wie dein Brief auf dem Bildschirm.

Computer im Drucker

Im Drucker sitzt eine Art kleiner Computer, der dafür sorgt, dass der Drucker das Richtige tut und die Pixel des ausgedruckten Dokuments genau an den richtigen Stellen landen. Wie das bei einem Laserdrucker funktioniert, kannst du auf der nächsten Seite lesen.

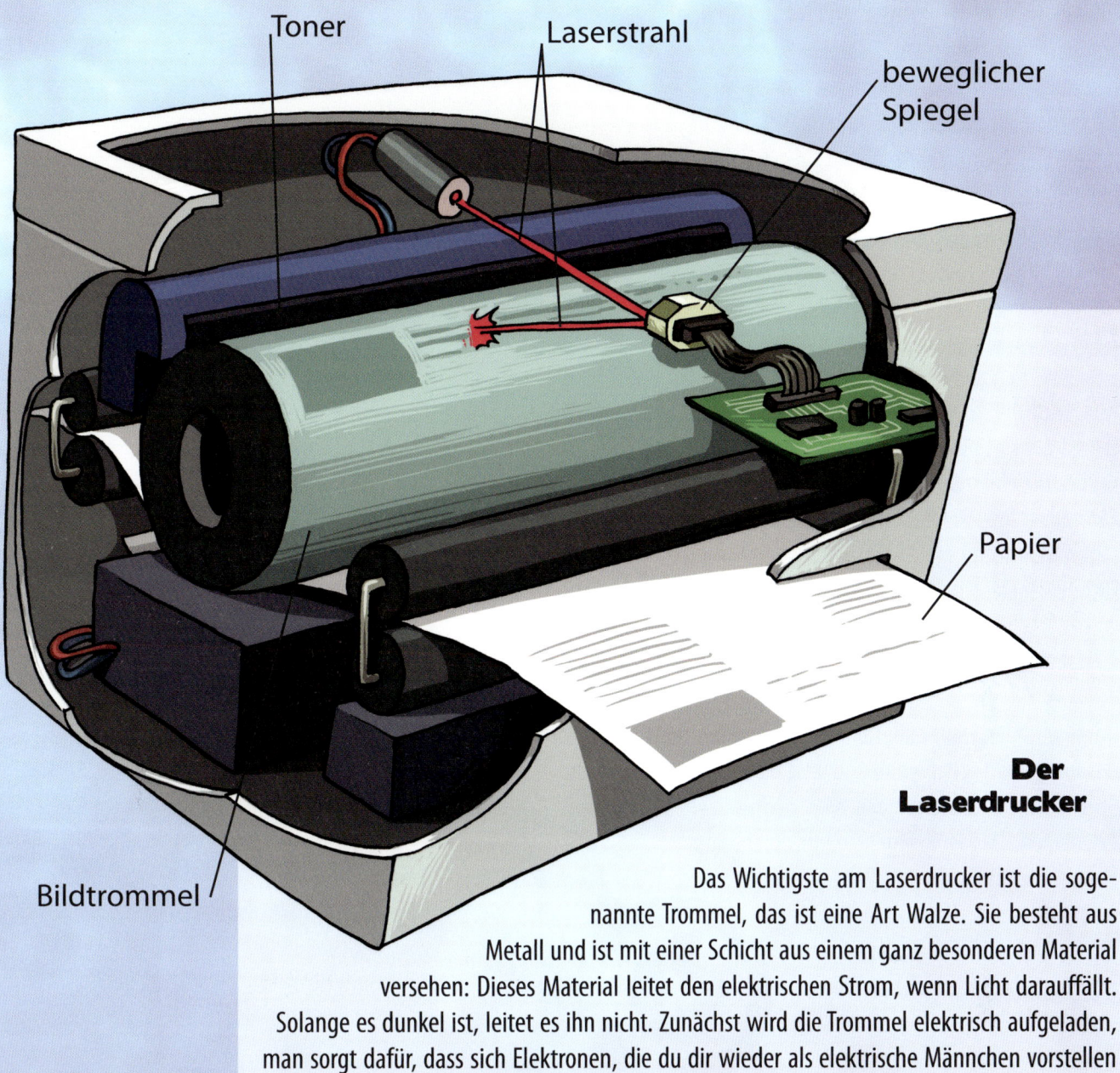

Toner

Laserstrahl

beweglicher
Spiegel

Papier

Bildtrommel

Der Laserdrucker

Das Wichtigste am Laserdrucker ist die sogenannte Trommel, das ist eine Art Walze. Sie besteht aus
Metall und ist mit einer Schicht aus einem ganz besonderen Material
versehen: Dieses Material leitet den elektrischen Strom, wenn Licht darauffällt.
Solange es dunkel ist, leitet es ihn nicht. Zunächst wird die Trommel elektrisch aufgeladen,
man sorgt dafür, dass sich Elektronen, die du dir wieder als elektrische Männchen vorstellen
kannst, daraufsetzen. Das passiert mit einer sehr hohen elektrischen Spannung. Weil die
Schicht ja im Dunkeln nicht elektrisch leitet, müssen die elektrischen Männchen auf ihr sitzen
bleiben. Wenn elektrische Männchen auf Dingen sitzen, die den elektrischen Strom nicht leiten, nennt man das übrigens statische Elektrizität.

Laserstrahl und Trommel

Der kleine Computer im Laserdrucker steuert nun einen Laserstrahl, der sozusagen auf der
Trommel malt. Und zwar fährt er überall dahin, wo nachher das Papier weiß bleiben soll. Dort,
wo nachher Buchstaben oder Linien von einem Bild sein sollen, fährt er nicht hin. Wo der Laserstrahl hingeleuchtet hat, wird die Schicht auf der Trommel elektrisch leitend, denn Laser ist ja
auch eine Art Licht. An diesen Stellen können nun die elektrischen Männchen durch die Schicht
hindurch in das Metall der Trommel wandern und davonfließen.

Überall da, wo aber Buchstaben und Striche sind, war der Laserstrahl nicht. Deswegen müssen die elektrischen Männchen an diesen Stellen auf der Trommel sitzen bleiben, denn dort ist die Beschichtung ja nicht elektrisch leitend.

Der Toner

Nun wird der Toner auf die Trommel gebracht. Das ist das Farbpulver, mit dem der Laserdrucker druckt. Die elektrischen Männchen halten dieses Farbpulver fest. Das liegt daran, dass die elektrischen Männchen elektrisch negativ sind und das Farbpulver elektrisch positiv. Gegensätze ziehen sich nämlich an.

Toner für Laserdrucker

Das Papier wird bedruckt

Dann wird das Papier über die Walze gezogen. Jetzt drückt sich der Toner auf das Papier ab und lässt dort die Buchstaben und Striche und was sonst noch alles gedruckt werden soll, erscheinen. Das Papier geht dann durch eine Fixiereinrichtung, die mit Wärme dafür sorgt, dass sich Toner und Papier richtig gut verbinden, damit der Ausdruck nachher nicht so leicht verwischt.

Schon gewusst?

Fotokopierer funktionieren wie Laserdrucker. Nur wird die Vorlage, die du in den Kopierer gelegt hast, nicht mit einem Laser aufgemalt, sondern beleuchtet und ihr Bild auf die Trommel gelenkt.

Der Ausdruck ist fertig

Die Trommel läuft zum Schluss an einer Art Bürste vorbei, über die die restlichen elektrischen Männchen davonlaufen können. Danach läuft die Trommel wieder dort vorbei, wo sie elektrisch geladen wird, dann kommt der Laserstrahl und alles geht wieder von vorn los.

Dieser Vorgang wiederholt sich so lange, bis der Laserstrahl die ganze Seite auf die Trommel gemalt und diese alles auf das Papier gedruckt hat. Wenn dein Brief mehr als eine Seite hat, holt sich der Laserdrucker das nächste Blatt aus dem Kasten mit dem Papiervorrat und bedruckt dieses auch.

In großen Büros findest du auch sogenannte Multifunktionsdrucker, die drucken, scannen und kopieren können.

Das steckt dahinter:

Der Laserdrucker nutzt zwei physikalische Erscheinungen:

1. Elektrisch positiv geladene und negativ geladene Dinge ziehen sich an wie Nord- und Südpol eines Magneten. Deswegen haftet das positiv geladene Tonerpulver auf den negativ geladenen Stellen der Trommel.

2. Es gibt elektrische Leiter, also Stoffe, die den elektrischen Strom leiten, und Nichtleiter, die ihn nicht leiten. Und es gibt Halbleiter – das sind Stoffe, die leiten den elektrischen Strom unter bestimmten Bedingungen. Ein Fotohalbleiter zum Beispiel leitet ihn, wenn Licht daraufffällt. Und deswegen kann die elektrische Ladung, also die elektrischen Männchen, an den Stellen verschwinden, die der Laserstrahl beleuchtet.

STATISCHE ELEKTRIZITÄT

Das brauchst du:

✓ 1 Luftballon

So geht's:

1 Blase den Luftballon auf.

2 Reibe ihn an deinen Haaren.

3 Der Luftballon zieht jetzt deine Haare an.

4 Du kannst den Luftballon auch an die Wand oder an die Decke setzen, wo er dann hängen bleibt.

Was ist passiert?

Durch das Reiben jagst du sozusagen elektrische Männchen von deinen Haaren auf den Luftballon. Jetzt sind auf dem Luftballon zu viele elektrische Männchen und er ist elektrisch negativ geladen. Weil diese elektrischen Männchen auf deinen Haaren fehlen, sind diese positiv geladen. Positive und negative elektrische Ladungen ziehen einander an, so wie sich auch magnetische Nord- und Südpole anziehen. Daher zieht der Luftballon deine Haare an wie die Trommel im Laserdrucker den Toner.

Weil auf der Wand und auf der Decke ebenfalls weniger elektrische Männchen sind als auf dem Luftballon, ziehen sich auch Wand beziehungsweise Decke und Luftballon an.

Dieses Experiment gelingt übrigens umso besser, je trockener das Wetter ist. Wenn es richtig feucht ist, kann es sein, dass es überhaupt nicht klappt.

WIE KANN ICH MICH MIT INTERNET UND E-MAIL MIT DER GANZEN WELT VERBINDEN?

Informationen sind überall

Wer einen Internetzugang hat, kann sich Informationen von Computern auf der ganzen Welt holen, so als ob diese im Nachbarzimmer stehen würden. Aber wie kann das gehen?

Die IP-Adresse

Moderne Computernetzwerke funktionieren mit sogenannten IP-Adressen. Eine IP-Adresse besteht aus vier Zahlen und ist sozusagen die Telefonnummer eines Computers. Wenn ein Computer etwas an einen anderen Computer im Netzwerk senden will, kann er ihn mithilfe dieser IP-Adresse ansprechen. Stehen die Computer eines Netzwerks nahe beieinander, zum Beispiel im gleichen Haus, nennt man das „lokales Netzwerk".

Ein weltweites Netzwerk

Schon seit Längerem hat man Computer nicht nur innerhalb desselben Hauses, sondern auch über größere Strecken über besondere Datenleitungen miteinander verbunden. Mit der Zeit entwickelte sich daraus ein Netzwerk, das viele Firmen, Behörden, Universitäten, Forschungsinstitute und ähnliche Einrichtungen miteinander verband. Über dieses Netzwerk, das Internet, tauschten zum Beispiel Universitäten Ergebnisse von Forschungsprojekten und dergleichen aus.

Jeder Computer hat seine eigene IP-Adresse. Daher kann jeder Computer im Internet jeden anderen Computer genau ansprechen und erreichen. Stell dir das lokale Netz am besten wie eine Telefonanlage im Haus vor: Man kann mit bestimmten Nummern von jedem Telefon aus andere Apparate im Haus anrufen. Das Internet wäre dann wie das öffentliche Telefonnetz, mit dem die Telefonanlage verbunden ist: Über das erreicht man Telefone in anderen Häusern, wenn man deren Nummern wählt.

Das steckt dahinter:

Um Computer miteinander zu verbinden, braucht man eigentlich besondere Netzwerkkabel. Man hat aber herausgefunden, dass es notfalls auch Telefonkabel tun. Daher kann man über das Telefonnetz ins Internet gehen.

Die Technik, die man dafür verwendet, heißt DSL. Das steht für „Digital Subskriber Line" und das bedeutet „Digitaler Teilnehmeranschluss". Man hat zu Hause ein sogenanntes DSL-Modem. Das ist ein Gerät, welches die Verbindung mit einem Computer über das Telefonnetz herstellen kann. An das kann man einen oder mehrere Computer anschließen. Diese werden dann mit einem Computer verbunden, der direkt an das Internet angeschlossen ist. Zur Verbindung der Computer mit dem DSL-Modem verwendet man ganz normale Netzwerkkabel.

Satellit

Server

PC zu Hause

Das Gateway

Für den oder die Computer, die mit einem DSL-Modem ins Internet gehen, sieht dieses im Grunde aus wie andere Computer auch. Allerdings erfüllt dieser Computer eine besondere Aufgabe: Er ist ein sogenanntes Gateway. Das ist ein Computer, der die Verbindung zwischen zwei Netzwerken herstellt. In diesem Fall sind dies das Netzwerk zu Hause und das Internet.

Bei den Internetzugängen großer Firmen oder denen von Universitäten ist das Gateway direkt im Internet. Beim Internetzugang zu Hause ist der Computer beim Zugangsprovider, also eurem Internetanbieter, direkt im Internet. Und mit dem wiederum ist das DSL-Modem verbunden, wenn unser Internetzugang läuft.

Für die Rechner im lokalen Netzwerk ist es ganz egal, ob das Gateway ein Computer ist, der direkt ein Teil vom Internet ist, oder ob es der Computer beim Provider ist, den sie per DSL über die Telefonleitung erreichen: Wenn ein Computer eine Adresse nicht im lokalen Netzwerk findet, versucht er, sie über das Gateway zu erreichen. Das ist zum Beispiel der Fall, wenn du eine Website ansehen willst.

Das Web

Neben der E-Mail ist der bekannteste Dienst im Internet das World Wide Web, kurz WWW oder Web genannt. Dessen Technik ermöglicht es, Dokumente mit Text und Bildern sowie Tönen und Videos auf besonderen Computern, den Web-Servern, zur Verfügung zu stellen. Diese als Websites bezeichneten Dokumente kann man dann von jedem Internetzugang aus mit einem dafür gedachten Programm, dem Webbrowser, ansehen.

Ursprünglich war das WWW für Wissenschaftler gedacht. Speziell die Möglichkeit, Querverweise, die sogenannten Links auf andere Dokumente, anzubringen, ist für Wissenschaftler wichtig: Damit können sie zum Beispiel auf Arbeiten von Kollegen verweisen, die sie für eine eigene Arbeit als Quellen benutzt haben.

Suchmaschinen

Wichtig sind auch die Suchmaschinen. Was man von ihnen sieht, sind Websites, auf denen man Begriffe eingeben kann, zu denen man Informationen finden möchte. Dahinter stecken Computerprogramme, die ständig das Web durchsuchen und Listen darüber führen, auf welchen Seiten welche Wörter vorkommen. Gibt man ein Wort auf der Website einer Suchmaschine ein, liefert das Computerprogramm eine Liste mit den Seiten, auf denen dieses Wort vorkommt.

E-Mail-Zugang testen

Auf dem Mailserver der TU Berlin läuft ein Programm, das alle E-Mails an die Adresse echo@tu-berlin automatisch beantwortet. Wenn du Antwort auf eine Mail an diese Adresse bekommst, weißt du, dass dein E-Mail-Programm funktioniert.

Domainnamen

Damit man nicht immer, wenn man einen bestimmten Computer im Internet ansprechen will, die IP-Adresse angeben muss, gibt es Domainnamen. Wenn du in deinem Browser zum Beispiel „compactverlag. de" eingibst, schickt dieser diesen Domainnamen zunächst an einen sogenannten DNS-Server. Das ist ein Computer, der eine Liste hat, auf der die IP-Adressen zu den einzelnen Domainnamen stehen. Dieser gibt dann deinem Webbrowser die zugehörige IP-Adresse zurück, sodass dieser die Website des Compact Verlags vom zugehörigen Webserver anfordern und anzeigen kann.

Unter einem Domainnamen können verschiedene Server zu finden sein: außer dem Webserver zum Beispiel auch ein E-Mail-Server, an den man E-Mails schicken kann.

Die E-Mail

Für Firmen und Geschäftsleute ist wohl die E-Mail der wichtigste Dienst des Internets. Statt Geschäftsbriefe mit der Post zu schicken, schickt man heute E-Mails. Die meisten Leute benutzen aber E-Mails auch privat, um mit anderen Menschen in Kontakt zu bleiben.

Sender

Provider Sender

Internet

Empfänger

Provider Empfänger

Eine E-Mail ist im Grunde nichts anderes als ein Text, ähnlich wie ein Dokument, das man mit einem Textverarbeitungsprogramm erstellt. Die E-Mail enthält aber außer der eigentlichen Nachricht die E-Mail-Adresse von Absender und Empfänger. Eine E-Mail-Adresse besteht aus zwei Teilen, die durch das @-Zeichen getrennt sind.

Der Teil hinter dem @ ist der Domainname, unter dem der E-Mail-Server zu finden ist, bei dem der Empfänger sein Postfach hat. Der vordere Teil der E-Mail-Adresse bezeichnet den eigentlichen Empfänger. Dieser Empfänger hat auf dem E-Mail-Server ein sogenanntes Postfach, in dem die E-Mail dann landet. Mit seinem E-Mail-Programm kann der Empfänger sich die Mail dann aus dem Postfach holen und lesen.

IP-ADRESSE ZU DOMAINNAMEN HERAUSFINDEN

Das brauchst du:

✓ 1 Computer mit Internetzugang und Windows

So geht's:

1 Gehe in das Startmenü von Windows. (Bei Windows 7 oder 8 gehst du auf das Eingabefeld im Startmenü oder auf die Programmsuche mit der Lupe oben rechts in der Ecke. Suche nach cmd und starte es.)

2 Gehe von dort in „Alle Programme" und von dort in „Zubehör".

3 Dort gibt es ein Programm, das heißt „Eingabeaufforderung", das du jetzt mit einem Doppelklick startest.

4 Es öffnet sich ein Fenster, in das du etwas eingeben kannst.

5 Dort, wo der Cursor blinkt, tippst du „nslookup berlin.de" (ohne die Anführungszeichen) ein und drückst dann die Eingabetaste.

6 Die letzte Zahlenreihe in der untersten Zeile der Ausgabe, die du bekommst, ist die IP-Adresse des Webservers der Stadt Berlin.

7 Gib diese Adresse ganz genau in die Adresszeile deines Browsers ein, also da, wo du normalerweise „berlin.de" eingeben würdest, um zur Website der Stadt Berlin zu kommen.

8 Wenn du jetzt noch die Eingabetaste drückst, erscheint die Website der Stadt Berlin.

Was ist passiert?

„nslookup" ist ein kleines Programm, mit dem man sich von einem DNS-Server die IP-Adresse zu einem Domainnamen holen kann. Den Domainnamen gibt man als sogenanntes Argument nach dem Namen des Programmes ein, damit dieses weiß, zu welchem Domainnamen es die IP-Adresse ermitteln soll.

Mit dieser IP-Adresse kann man die Website dann ganz genauso aufrufen wie mit dem Domainnamen. Das Ganze funktioniert aber nur, wenn eine Website einen eigenen Webserver für sich allein hat, also typischerweise bei großen Firmen, Städten, Behörden und so weiter. Websites von kleinen Unternehmen oder Privatleuten liegen oft zu mehreren auf einem Webserver und haben eine gemeinsame IP-Adresse. In solchen Fällen klappt es nur mit dem Domainnamen, den man in den Browser eintippt: Dieser wird dann in die IP-Adresse übersetzt, um den Webserver zu finden. Außerdem gibt der Browser noch den Domainnamen mit, damit der Webserver weiß, welche von den mehreren Websites gemeint ist.

WIE KOMMT DER TON DURCHS TELEFON?

Mit dem Telefon können wir auch über große Entfernungen hinweg miteinander sprechen: einfach den Hörer abnehmen, Nummer wählen und schon kann es losgehen. Doch wie funktioniert das Telefon?

Das steckt dahinter:

Um zu verstehen, wie ein Telefon funktioniert, musst du Folgendes wissen: Schall, also alles, was wir hören können, ist nichts anderes als eine Bewegung der Luft. Bei tiefen Tönen schwingt die Luft langsamer, bei hohen schneller. Wenn du sprichst oder singst, versetzen deine Stimmbänder die Luft in Schwingungen. Auch viele andere Dinge, etwa eine Gitarre, ein Rasenmäher oder eine Autohupe erzeugen Schwingungen in der Luft, die man hören kann. Man nennt diese Schwingungen auch Schallwellen. Mit dem Trommelfell in deinem Ohr nimmst du diese Schallwellen wahr – und das nennen wir hören.

Verstärker
Membran
Magnet
Spule
Schaltplatine
elektronische Schaltung
Kontakt
Mikrofon
Lautsprecher
Hörer
Basis
Tastatur

Was ist ein Mikrofon?

Nun kann man auch Geräte bauen, die Schallwellen ähnlich wahrnehmen wie das Trommelfell in unserem Ohr. Ein solches Gerät nennt man Mikrofon. Es gibt kleine Stromstöße im Rhythmus der Schallwellen ab, die es aufnimmt.

Was ist ein Lautsprecher?

Ein Lautsprecher tut genau das Gegenteil von dem, was ein Mikrofon tut. Im einfachsten Falle besteht er aus einem Elektromagneten und einem dünnen Stück Eisenblech, welches man Membran nennt. Ein Elektromagnet ist ein Stück Eisen, um das ein dünner Draht viele Male herumgewickelt ist. Fließt elektrischer Strom durch diesen Draht, wird das Eisen magnetisch.

Wenn nun Strom von einem Mikrofon durch den Draht des Elektromagneten im Lautsprecher fließt, wird dieser im Takt der kleinen Stromstöße abwechselnd magnetisch und unmagnetisch. Daher zieht er die Membran, das dünne Eisenblech also, immer wieder an und lässt es los.

Die Membran schwingt im Takt der Stromstöße und bewegt dabei die Luft in ihrer Nähe. Die Stromstöße kommen nun aber im Takt der Schallwellen, die das Mikrofon am anderen Ende aufnimmt. Daher schwingen die Membran und die von ihr bewegte Luft ebenfalls im Takt mit den Schallwellen, die das Mikrofon in Stromstöße verwandelt. Man hört also alle Geräusche, die das Mikrofon aufnimmt, aus dem Lautsprecher.

Auf diese Weise kann man mithilfe von elektrischem Strom Schallwellen über viele Kilometer übertragen. Und genau das tut das Telefon.

Der Telefonapparat

Damit beim Telefonieren beide Gesprächspartner einander hören, muss jedes Telefon einen kleinen Lautsprecher und ein Mikrofon haben. Außerdem hat es Tasten, mit denen du wählen kannst. Je nachdem, auf welche Taste man drückt, schickt das Telefon einen Ton mit einer ganz bestimmten Tonhöhe über die Leitung.

Die Vermittlungsstelle

Von jedem Telefonanschluss geht eine Leitung in die Vermittlungsstelle. Wenn du deine Oma anrufst und ihre Telefonnummer eintippst, erkennt die Vermittlungsstelle diese Nummer an den verschiedenen Tonhöhen. Daher kann sie deine Telefonleitung mit der Telefonleitung verbinden, die zu deiner Oma führt.

Telefonieren heute

Beim modernen Telefonieren ist das Telefon im Prinzip ein kleiner Computer. Dieser macht aus den Stromstößen vom Mikrofon, also aus den Schallwellen, lauter Zahlen. Diese werden dann übers Internet oder über die Telefonleitung übertragen.

Umgekehrt macht der Computer aus den über die Datenleitung kommenden Zahlen wieder Töne, die über den Lautsprecher im Telefonhörer ausgegeben werden.

BAU DEIN EIGENES TELEFON

Das brauchst du:

- ✓ Einige Meter dünne Schnur (zum Beispiel Paketschnur)
- ✓ 2 Joghurtbecher
- ✓ 1 kräftige Nadel oder ein spitzes Messer
- ✓ 1 zweite Person als Gesprächspartner

So geht's:

1 Mach mit dem spitzen Messer bei jedem der beiden Joghurtbecher ein kleines Loch in die Mitte des Bodens. Lass dir dabei von einem Erwachsenen helfen. Dieses Loch muss so groß sein, dass du deine Schnur gerade hindurchziehen kannst.

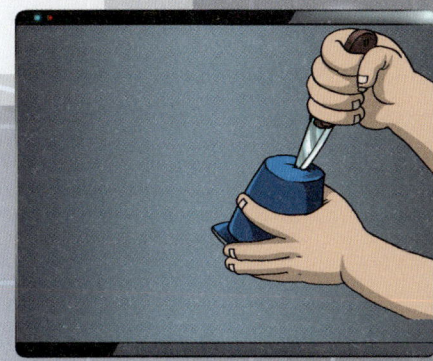

2 Nun fädelst du jedes der beiden Schnurenden durch das Loch im Boden eines Joghurtbechers. Wenn du die Schnur hindurchgezogen hast, machst du einen dicken Knoten, damit sie nicht wieder zurückrutschen kann, auch wenn man kräftig daran zieht.

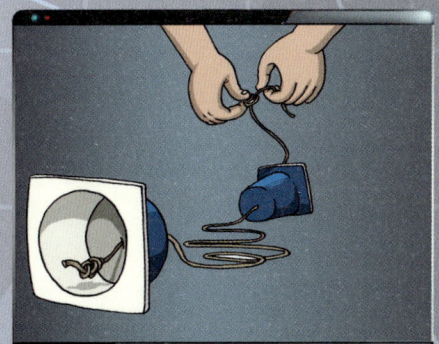

3 Nun gibst du einen der beiden Joghurtbecher deinem Gesprächspartner und behältst den anderen selbst.

4 Geht beide so weit auseinander, dass die Schnur zwischen den Joghurtbechern straff gespannt ist.

5 Wenn du nun in deinen Joghurtbecher sprichst und dein Freund in seinen Joghurtbecher hineinhorcht, kann er dich durch den Becher hören.

Was ist passiert?

Wenn man in den einen Joghurtbecher hineinspricht, schwingt der Boden im Takt der Schallwellen mit. Über die straff gespannte Schnur übertragen sich diese Schwingungen zum Boden des anderen Joghurtbechers, der im gleichen Takt mitschwingt. Dabei überträgt er seine Schwingungen wieder an die Luft, sodass daraus wieder Schall wird, den man hören kann, wenn man in den Joghurtbecher hineinhorcht.

Kurbeltelefon (Wandapparat), 1879

Tischtelefon, 1880er

erstes Handy, 1973

Fernsprechtischapparat, 1970er

schnurloses Telefon mit Basisstation, 1990er bis heute

Klapphandy, Mitte 1990er

Skelettapparat (erstes Tischtelefon mit Handapparat), 1892

Tischtelefon, Mitte 1890er

Tischtelefon mit Wählscheibe, 1905

Tischfernsprecher, Ende 1940er

modernes Bildtelefon 2000er

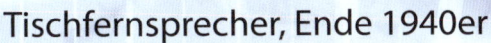

modernes Smart-phone, heute

WIESO KANN ICH MIT DEM HANDY OHNE KABEL TELEFONIEREN?

Hilfe unterwegs

Mit dem Handy, wie wir das Mobiltelefon meist nennen, kann man heute fast überall telefonieren. Das ist zum Beispiel dann eine ganz tolle Sache, wenn man irgendwo mit dem Auto liegen bleibt und einen Pannendienst anrufen muss.

Telefonieren über Funk

In einem Handy ist wie in einem digitalen Telefon ein kleiner Computer eingebaut. Dieser macht aus den Stromstößen des Mikrofons Daten, also Zahlen, die er per Funk an die nächste Mobilfunk-Basisstation schickt. Dort gibt es eine Antenne und einen Funkempfänger, sodass die Gesprächsdaten aufgenommen werden können.

Von der Basisstation gehen die Daten über Kabel oder manchmal auch wieder über Funk an eine Vermittlungsstelle der Firma, die das Mobilfunknetz betreibt. Diese funktioniert im Prinzip genauso wie eine Vermittlungsstelle im Festnetz, dem normalen Telefonnetz.

Von der Vermittlungsstelle des Mobilfunknetzes gehen die Gesprächsdaten zu der Mobilfunk-Basisstation, die sich in der Nähe des anderen Gesprächspartners befindet. Und von dort geht es wieder per Funk zu dessen Handy. Der Computer in diesem Handy macht aus den Daten wieder Stromstöße für den dort eingebauten kleinen Lautsprecher. Jetzt kann der Gesprächspartner hören, was der andere in das Mikrofon an seinem Handy spricht.

Schon gewusst?

Gestaltet man den Computer in einem Handy etwas aufwendiger, sodass darauf kleine Programme laufen, und ersetzt Display und Tasten durch einen Touchscreen, ist aus dem Handy ein Smartphone geworden.

Mobilfunk-Basis-
station in Nähe
des Senders

Vermittlungs-
stelle

Mobilfunk-Basis-
station in Nähe
des Empfängers

Drahtlos

Der große Unterschied zwischen dem Telefonieren im Festnetz und dem Telefonieren über Mobilfunk ist der folgende: Ein Festnetztelefon hängt immer an den gleichen zwei Drähten, die aus der Vermittlungsstelle zum Teilnehmer führen. Ein Handy kann aber irgendwo sein und die Vermittlungsstelle im Mobilfunknetz muss erst einmal wissen, wo es überhaupt ist.

Von Handy zu Handy

Wenn du dein Handy einschaltest, versucht es sofort Funkkontakt zu einer Basisstation zu bekommen. In der Regel klappt das auch, weil die Basisstationen der Mobilfunkanbieter so dicht beieinander sind, dass praktisch überall eine in Reichweite ist. Falls das nicht der Fall ist, siehst du auf deinem Handy, dass du „kein Netz" hast. Wenn dich dann jemand anrufen will, hört er: „Dieser Teilnehmer ist im Augenblick nicht erreichbar."

Meist findet das Handy aber eine Basisstation, mit der die Verständigung klappt. Dort meldet es sich an. Jetzt weiß der Computer in der Vermittlungsstelle, wo sich dein Handy befindet. Kommt nun ein Anruf für dein Handy, wird er zu der Basisstation geleitet, in deren Nähe du dich befindest. Und von dort geht's dann per Funk zu deinem Handy. Das klingelt dann und wenn du abnimmst, ist vielleicht deine Mami dran, die wissen möchte, was du heute Mittag zum Nachtisch haben möchtest.

Entfernt von der Basis

Es ist im Prinzip auch kein Problem, wenn du dich während des Gesprächs von der Basisstation entfernst, über die dein Gespräch gerade läuft. Es kann ja sein, dass du zum Beispiel im Bus sitzt. Normalerweise näherst du dich dann aber gleichzeitig einer anderen Basisstation und diese übernimmt dein Gespräch, ohne dass du das überhaupt merkst.

ZEIGEN, DASS DAS HANDY MIT FUNK FUNKTIONIERT

Das brauchst du:

- ✓ 1 Handy mit Verbindung zu einer Basisstation
- ✓ 1 Festnetztelefon oder noch ein Handy
- ✓ 1 Stück Alufolie, das groß genug ist, um das Handy darin einzuwickeln

So geht's:

1 Ruf das Handy vom Festnetztelefon oder dem anderen Handy aus an.

2 Das Handy wird klingeln.

3 Nun wickelst du das Handy in die Alufolie ein.

4 Ruf das Handy erneut an.

5 Jetzt klingelt das Handy nicht.

Was ist passiert?

Die Funkwellen, mit denen die Basisstation dein Handy erreichen will, können nicht durch die Alufolie dringen. Daher merkt dein Handy nicht, dass es angerufen wird, und kann dann natürlich auch nicht klingeln.

WIE KOMMT DAS BILD VOM SCANNER IN DEN COMPUTER?

Aus einem Bild auf einem Stück Papier eine Bilddatei für den Computer zu machen, ist überhaupt kein Problem: Du brauchst dazu außer dem Computer lediglich noch einen Scanner.

Was ist eigentlich ein Raster?

Im Kapitel über den Computer hast du ja schon gelesen, dass man Bilder aus lauter kleinen farbigen Punkten, den Pixeln, zusammensetzen kann. Wenn die Pixel klein sind und/oder man entsprechend weit weg von dem Bild ist, sieht man gar nicht mehr, dass das Bild aus solchen kleinen Punkten besteht.

Die Pixel sind alle gleich groß und bilden daher eine Art Gitter. Das nennt man Raster. Auf dem Bild links kannst du sehen, wie die Pixel aus dem kleinen roten Quadrat aussehen, wenn man sie entsprechend vergrößert.

Die Auflösung

Beim Scannen zerlegt der Scanner das Bild, das du einscannen möchtest, in Raster. Daher musst du dir zunächst einmal überlegen, in wie viele Pixel du es aufteilen möchtest. Daraus ergibt sich dann die Größe eines einzelnen Pixels. Meist wird ein DIN-A4-Blatt in ungefähr 2500 × 3500 solcher Pixel aufgeteilt. Das sind dann 3500 Zeilen zu je 2500 einzelnen Pixeln, die der Scanner beim Scannen entlangfahren muss. Im Scanprogramm muss man dazu die Auflösung „300 dpi" einstellen.

Die Farbe

Der Scanner schaut sich nun sozusagen jeden dieser Pixel an und misst dessen Farbe. Dazu stellt er fest, wie viel Rot, Grün und Blau jeweils darin enthalten sind. Daraus werden drei Zahlen: Eine sagt, wie viel Rot in dem Punkt enthalten ist, eine gibt die Menge von Grün an, die dritte die von Blau. Für jeden Pixel schickt der Scanner also drei Zahlen an den Computer und der speichert sie.

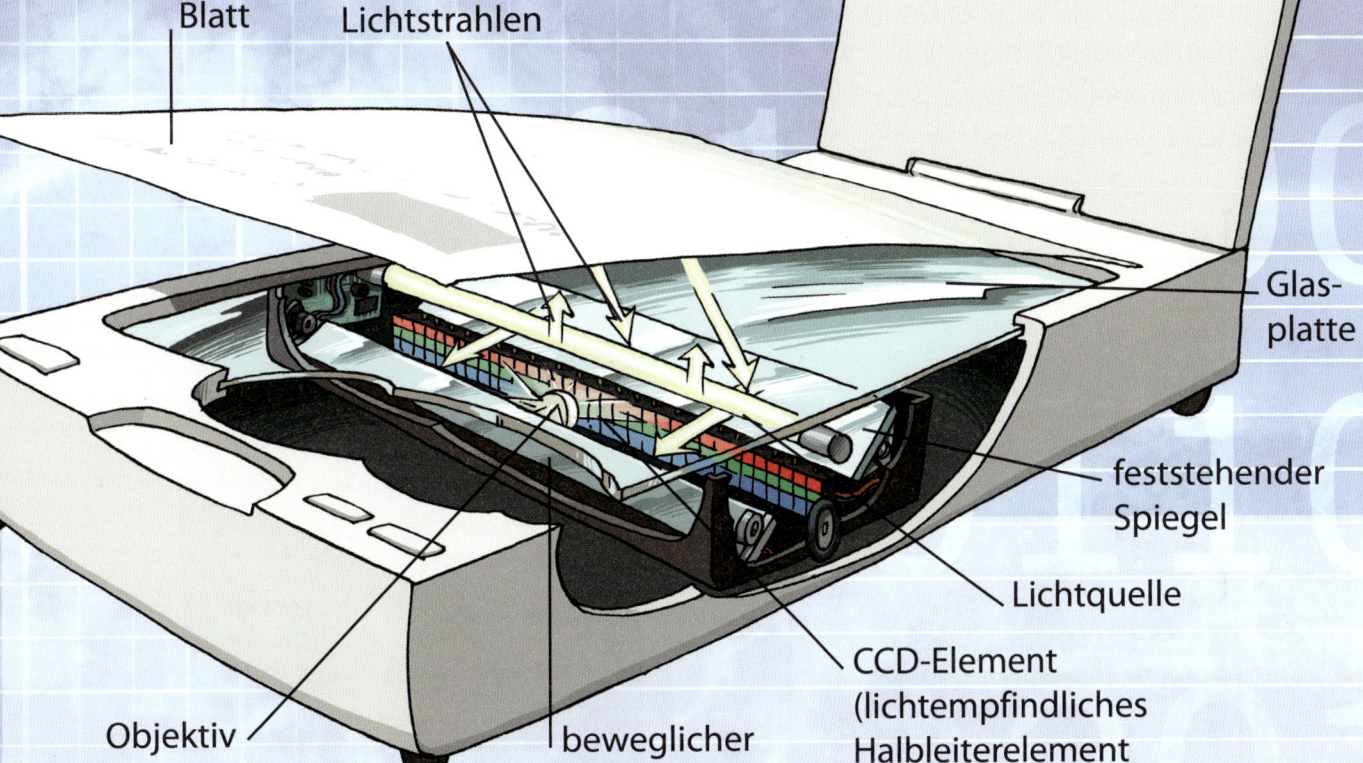

Blatt

Lichtstrahlen

Glasplatte

feststehender Spiegel

Lichtquelle

CCD-Element (lichtempfindliches Halbleiterelement

Objektiv

beweglicher Spiegel

Und wie werden die Pixel abgetastet?

In dem Bild kannst du sehen, wie das Ganze technisch gelöst ist. Das Teil, das unter der Glasplatte des Scanners entlangfährt, wenn du ein Bild einscannst, enthält eine Lampe und einen Spiegel. Über den zweiten Spiegel und die Optik wird das Bild auf das CCD-Element geleitet. Das ist sozusagen das Auge des Scanners, mit dem er die Farben der Pixel erkennt. In diesem befinden sich für jeden Pixel, in die man das Bild der Breite nach aufgeteilt hat, drei lichtempfindliche Halbleiter-Stückchen. Einer der Halbleiter reagiert auf Rot, einer auf Grün und einer auf Blau.

Aus Pixeln wird ein Bild

Der Scanner kann immer eine Reihe oder Zeile Pixel auf einmal untersuchen, also einscannen. Er schickt dann die gemessenen Werte für Rot, Grün und Blau als Zahlen an den Computer. Dann fährt das Ding mit der Lampe und dem Spiegel um genau eine Pixelbreite weiter und scannt die nächste Zeile. Am Schluss hat der Computer für jeden Pixel drei Zahlen. Die Grafikkarte, die du schon aus dem Kapitel über den Computer kennst, kann aus diesen Zahlen wieder ein Bild auf dem Bildschirm machen. Dabei lässt sie einfach für jeden Pixel des Bildes einen Pixel auf dem Bildschirm mit dessen beim Scannen gemessenen Werten für Rot, Grün und Blau leuchten.

Schon gewusst?

Wenn man mit einem Scanner ein Bild scannt, das schon aus Pixeln besteht, kann es einen komischen Effekt geben: Wenn die Pixel auf dem Bild eine andere Größe haben als die des Scanners, kann es sein, dass sich ein seltsames Muster bildet. Das nennt man Moiré-Effekt.

Normales Bild

Bild mit Moiré-Effekt

Das steckt dahinter:

Die lichtempfindlichen Halbleiter im CCD-Element funktionieren ähnlich wie die Halbleiterschicht auf der Trommel im Laserdrucker. Sie lassen Strom fließen, wenn Licht auf sie fällt. Das Besondere in diesem Fall ist, dass die Halbleiter jeweils nur eine Farbe erkennen. Deswegen kann man damit feststellen, wie viel Rot, Grün und Blau in dem Licht von einem Pixel enthalten ist. Und später kann die Grafikkarte aus diesen drei Werten wieder die Farbe für den Pixel auf dem Bildschirm mixen, der diesen Pixel des Bildes wiedergibt.

VERSCHIEDENE AUFLÖSUNGEN BEIM SCANNEN

Das brauchst du:

✓ 1 Computer
✓ 1 Scanner samt Scanprogramm
✓ 1 Drucker

So geht's:

1 Such dir ein hübsches Bild zum Einscannen.

2 Stell an deinem Scanprogramm eine Auflösung von 72 dpi ein und scanne das Bild.

3 Speichere das Bild ab und merk dir den Namen.

4 Mach das Gleiche noch zwei weitere Male, wobei du das nächste Mal eine Auflösung von 100 dpi einstellst und beim dritten Mal eine von 300 dpi.

5 Nun schau dir die drei Bilder mit der Windows-Fotoanzeige auf dem Bildschirm an: Sie sind unterschiedlich groß. Versuchst du, die kleineren Bilder durch Zoomen mit dem Mausrad größer zu machen, werden sie grob und du kannst die einzelnen Pixel sehen.

6 Drucke die Bilder nun auch aus. Dabei wirst du sehen, dass nur das Bild, das du mit 300 dpi einge- scannt hast, schön groß ist und gut aussieht.

Was ist passiert?

Je nach Auflösung hat der Scanner das Bild, das ja immer ganz gleich groß ist, in mehr oder weniger Pixel zerlegt. Bei den größeren Auflösungen besteht das Bild also aus mehr Pixeln, bei den kleineren aus weniger. Und natürlich sieht man bei mehr Pixeln auch mehr Einzelheiten. Da die Pixel auf dem Bildschirm immer gleich groß sind, wird ein Bild umso größer, je mehr Pixel es hat.

Damit ein Bild auf dem Bildschirm gut aussieht, reicht es, wenn man es mit 100 dpi einscannt. Will man es aber drucken, sollten es schon 300 dpi sein. Beim Drucker sind nämlich die Pixel viel kleiner als auf dem Bildschirm.

IN DER STADT UNTERWEGS

In der Stadt gibt es eine Menge technische Dinge zu entdecken. Weißt du, wie die Ampel funktioniert? Und wie geht das, dass der Blitzer merkt, wenn jemand zu schnell fährt, und ihn dann fotografiert? Und was für eine Technik steckt hinter Rolltreppe und Fahrstuhl?

Hinter vielen modernen technischen Einrichtungen stecken Computer, die sie steuern. Aber in der Regel gehört auch Mechanik dazu. Geschickte Ingenieure bauen Maschinen, die von Computern gesteuert werden, sodass man sie leicht bedienen kann oder sie sogar ganz von allein laufen.

WIE FÄHRT DIE ROLLTREPPE UM DIE ECKE?

Im Kaufhaus, auf dem Bahnhof, in der U-Bahn-Station und an vielen Orten mehr kannst du dir das Treppensteigen sparen, weil es eine Rolltreppe gibt. So eine Rolltreppe ist ein kleines mechanisches Wunderwerk. Trotzdem ist es nicht schwer zu verstehen, wie sie funktioniert.

Treppe auf Schienen

Wie du auf dem Bild sehen kannst, läuft links und rechts von den Stufen jeweils eine endlose Kette. Sie nimmt die Stufen mit. Die Stufen laufen dabei mit kleinen Rollen auf zwei Schienen, die links und rechts angebracht sind

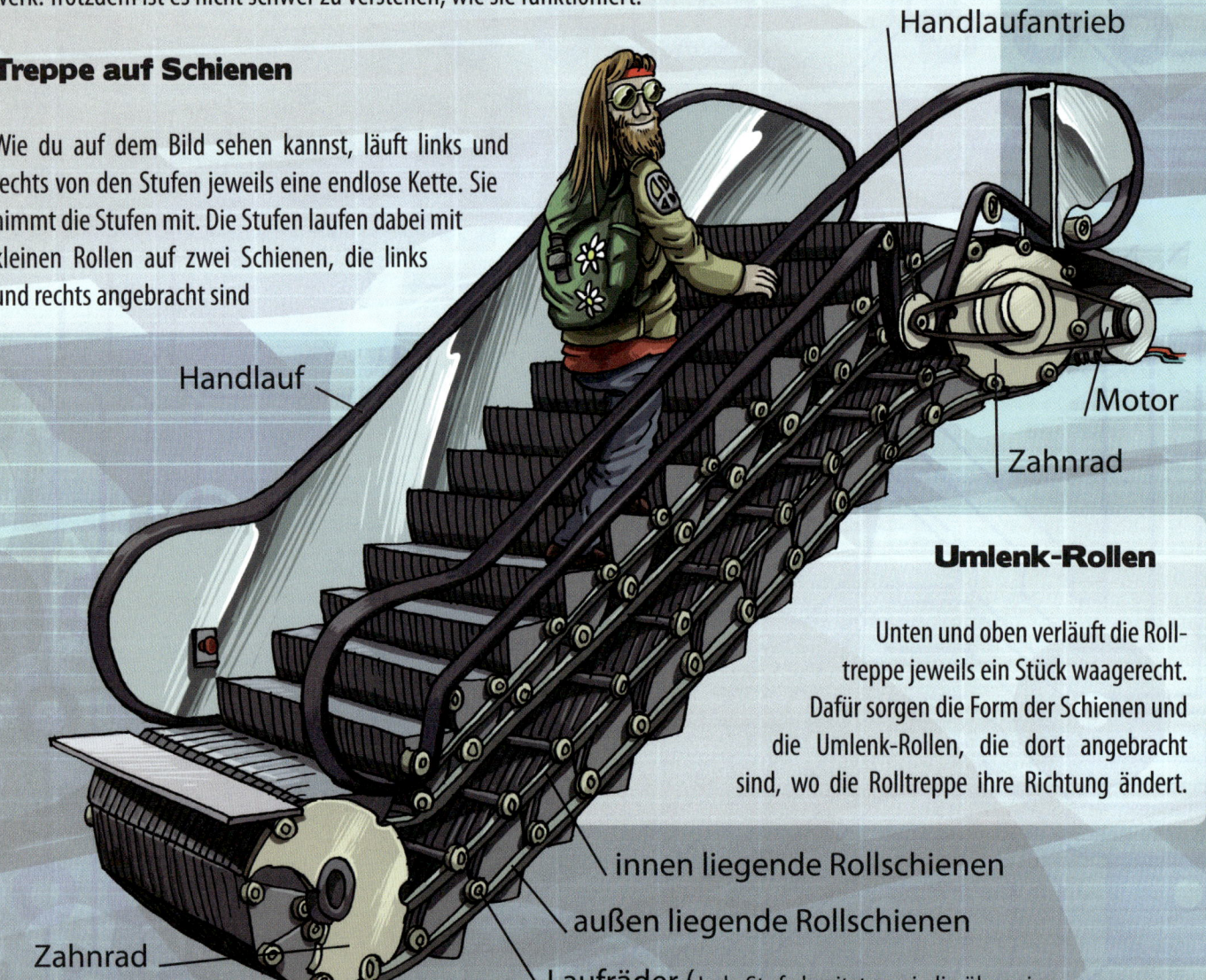

Handlaufantrieb

Handlauf

Motor

Zahnrad

Umlenk-Rollen

Unten und oben verläuft die Rolltreppe jeweils ein Stück waagerecht. Dafür sorgen die Form der Schienen und die Umlenk-Rollen, die dort angebracht sind, wo die Rolltreppe ihre Richtung ändert.

innen liegende Rollschienen

außen liegende Rollschienen

Zahnrad

Laufräder (Jede Stufe besitzt zwei, die über eine Achse miteinander verbunden sind.)

Kette und Zahnrad

Am oberen Ende verschwinden die Stufen unter dem Blech, über das du läufst, wenn du die Rolltreppe verlässt. Die beiden Ketten laufen dort jeweils über ein großes Zahnrad. Die Stufen kippen dabei sozusagen um und fahren auf der Unterseite der Rolltreppe kopfüber wieder zurück nach unten.

Unten läuft wieder jede Kette über ein großes Zahnrad. Dadurch werden die Treppenstufen wieder umgedreht. Jetzt zeigt die Seite, auf die man sich stellt, wieder nach oben. Dann kommen die Stufen auch schon unter dem Blech hervor, über das du die Rolltreppe unten betrittst.

Schon gewusst?

Erfunden wurde die Rolltreppe schon 1895. Aber erst ab ungefähr 1900 begann sie, sich durchzusetzen, nachdem man sie auf der Weltausstellung in Paris gezeigt hatte. Die erste Rolltreppe in Deutschland wurde 1925 in Berlin in Betrieb genommen.

Schutz

Vorn haben die Stufen eine Verkleidung. Die muss da sein, damit niemand mit dem Fuß dazwischen geraten kann, wenn die Rolltreppe in die Waagerechte übergeht. Wenn du genau hinsiehst, kannst du erkennen, dass diese Verkleidung gebogen ist. Das muss so sein, damit sie nicht im Weg ist, wenn die Stufen oben und unten um die Ecke müssen.

Das Geländer funktioniert ganz ähnlich, aber einfacher: Es ist ja eigentlich nicht mehr als ein großes, endloses Gummiband, das über ein paar Rollen immer rundherum läuft.

Besser als ein Fahrstuhl?

Eine Rolltreppe muss sich ziemlich langsam bewegen, damit zum Beispiel auch alte Leute sie gefahrlos betreten und verlassen können. Weil auf der Rolltreppe die Leute aber dicht an dicht fahren können, kann man mit ihr mehr Leute transportieren als mit einem Aufzug.

WIE KOMMT DER FAHRSTUHL HOCH UND RUNTER?

Auf einen Fahrstuhl, manche sagen auch Aufzug dazu, möchten sicherlich nur wenige Leute verzichten, die in einem Haus mit mehr als zwei oder drei Stockwerken wohnen. Du musst nur auf einen Knopf drücken und schon wirst du in das richtige Stockwerk gebracht. Aber wie funktioniert das?

Normalerweise sieht man vom Fahrstuhl nur die Kabine, in der man mitfährt. Sie befindet sich im Fahrstuhlschacht und läuft zwischen Schienen. Oben an der Kabine ist ein Drahtseil angebracht. Dies führt bis ganz nach oben in das Maschinenhaus.

Fahrstuhlmotor

Im Gleichgewicht

Das Maschinenhaus sitzt über dem Fahrstuhlschacht. Dort befindet sich eine Rolle, über die das Drahtseil läuft. Diese Rolle heißt Treibscheibe. Auf der anderen Seite dieser Treibscheibe führt das Seil wieder nach unten zu einem Gegengewicht. Dieses ist so schwer wie die Aufzugskabine. Weil Kabine und Gewicht gleich schwer sind, sind sie im Gleichgewicht. Deswegen muss der Aufzug immer nur das Gewicht der Leute oder Lasten heben, die man mit ihm befördert.

Damit die Fahrstuhlkabine nach oben fährt, muss sich die Treibscheibe drehen. Dazu wird sie von einem starken Elektromotor angetrieben. Wenn der Aufzug nach unten fährt, wird die Treibscheibe mit einer Bremse abgebremst.

Steuerung und Sicherheitseinrichtungen

Ein so einfacher Fahrstuhl, wie er bis jetzt beschrieben wurde, wäre nicht ganz einfach zu bedienen. Man müsste beim Fahren den Elektromotor zur richtigen Zeit ein- und ausschalten und die Bremse bedienen. Deswegen gibt es eine Steuerung, die das alles automatisch erledigt.

Dahinter steckt natürlich ein Computer. Auf jedem Stockwerk sind elektrische Kontakte, die der Fahrstuhl betätigt, wenn er sich genau auf der Höhe des jeweiligen Stockwerks befindet. Nur wenn diese Kontakte betätigt sind, können sich die Türen an der Aufzugskabine und die äußeren Türen auf dem jeweiligen Stockwerk öffnen.

Die Computersteuerung sorgt zum Beispiel dafür, dass der Aufzug langsamer wird und sanft anhält, wenn er ein Stockwerk erreicht, auf dem er anhalten soll. Sie merkt sich auch, welche Stockwerke mit den Knöpfen in der Kabine ausgewählt wurden und auf welchen Stockwerken jemand den Rufknopf für den Fahrstuhl gedrückt hat. Diese Stockwerke werden dann automatisch nacheinander angefahren.

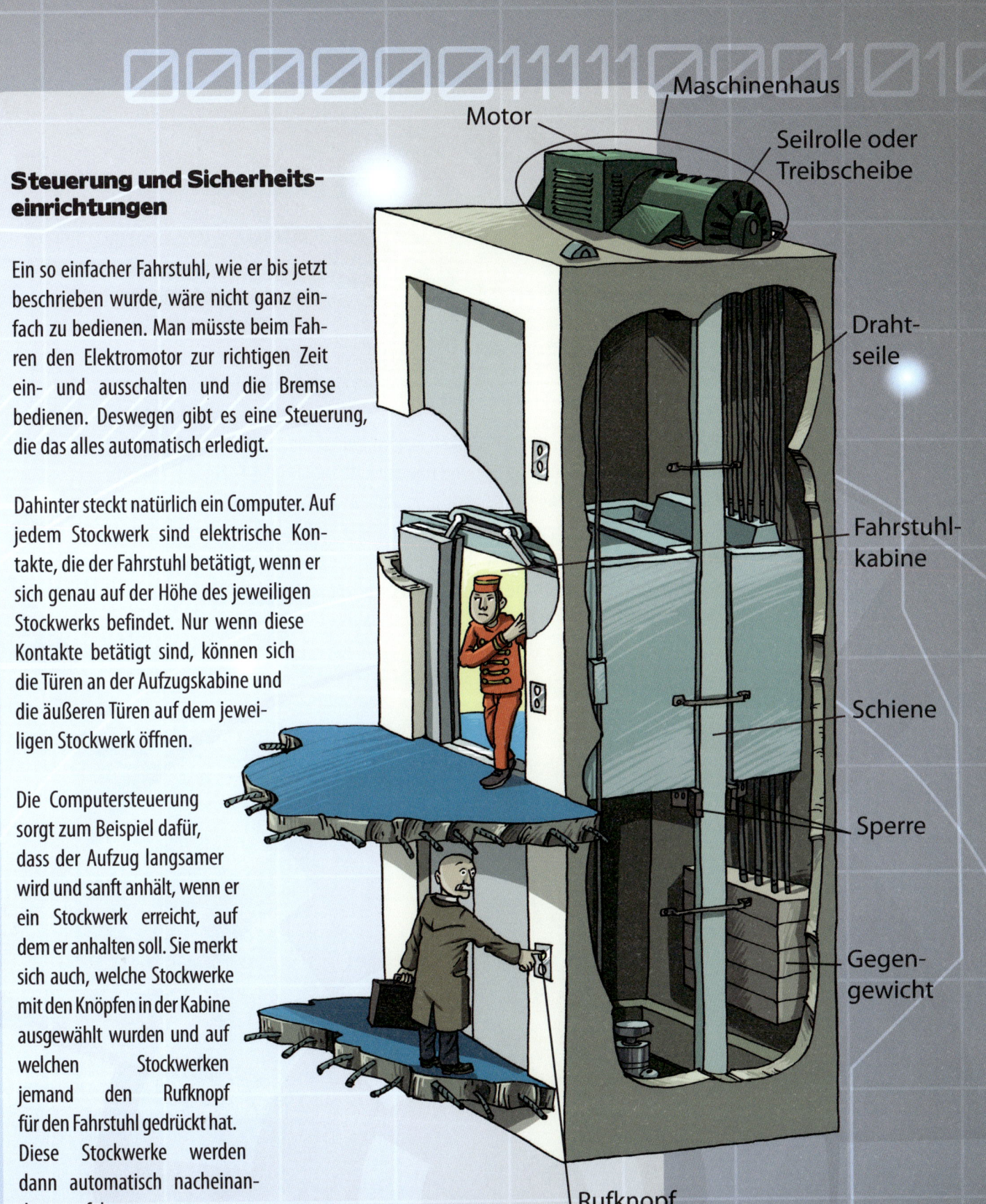

Motor

Maschinenhaus

Seilrolle oder Treibscheibe

Drahtseile

Fahrstuhlkabine

Schiene

Sperre

Gegengewicht

Rufknopf

Blick in einen Fahrstuhlschacht

Absturzsicherung

Damit der Aufzug nicht herunterfällt, falls das Drahtseil reißen sollte, gibt es eine besondere Sicherheitseinrichtung: An der Aufzugskabine sitzen Bremsklötze, die von starken Federn gegen die Schienen, in denen der Aufzug fährt, gedrückt werden. Sie sind mit der Aufhängung des Drahtseils oben an der Kabine verbunden. Wenn das Gewicht der Kabine am Drahtseil hängt, werden die Bremsklötze von den Schienen weggezogen und der Fahrstuhl kann nach oben und unten fahren. Wenn das Drahtseil aber reißt, fehlt das Gewicht und die Federn drücken die Bremsklötze gegen die Schienen. Jetzt wird die Aufzugskabine zwischen den Schienen festgeklemmt und kann nicht herunterfallen.

Schon gewusst?

Bereits die alten Römer hatten Aufzüge. Damals gab es allerdings noch keine Elektromotoren und schon gar keine Computersteuerung. Der Fahrstuhl wurde von Sklaven bedient, die ihn hinaufziehen und herunterlassen mussten. Mit einer Glocke signalisierten die Fahrgäste, wohin sie fahren wollten.

WIE KOMMT DER STROM IN DIE STECKDOSE?

Stecker rein

Wenn wir ein Elektrogerät benutzen wollen, müssen wir lediglich den Stecker in die Steckdose stecken. Aber warum kommt da immer Strom heraus?

Die Steckdose ist mit dem Stromnetz verbunden. Das Stromnetz besteht aus lauter Drähten, durch die der Strom vom Kraftwerk bis in jedes Haus geführt wird.

Wo wird der Strom gemacht?

Ganz am Anfang, im Kapitel über das elektrische Licht, hast du die elektrischen Männchen kennengelernt. Im Kraftwerk stehen Maschinen, die man Generatoren nennt, und die die elektrischen Männchen so richtig auf Trab bringen, damit sie in den vielen Stromverbrauchern in Wohnungen, Läden, Werkstätten und Fabriken tüchtig arbeiten können.

Der Generator

In einem Generator befindet sich ein Teil, das man Rotor nennt und das sich dreht. Außerdem ist es magnetisch. Rundherum sitzen auf eiserne Kerne aufgewickelte Drähte, die man Wicklungen nennt. Wenn man nun den Rotor dreht, bewirkt sein Magnetfeld, dass die elektrischen Männchen in den Wicklungen immer hin- und herrennen.

Gleich- und Wechselstrom

Bei der Batterie aus deinem Versuch im Kapitel über das elektrische Licht laufen die elektrischen Männchen immer nur in eine Richtung. Das nennt man Gleichstrom. Beim Generator laufen sie immer hin und her, das nennt man Wechselstrom.

Schließt man an die Wicklungen des Generators eine elektrische Leitung an, laufen die elektrischen Männchen auch in dieser Leitung immer hin und her. Deswegen kann man den Wechselstrom genauso über Drähte übertragen wie den Gleichstrom.

Der Transformator

Die Generatoren im Kraftwerk verbindet man nun durch Leitungen mit den Transformatoren im Umspannwerk. Ein Transformator besteht aus zwei Wicklungen, die zusammen auf einem eisernen Kern sitzen. Eine der Wicklungen ist über die Leitung mit einem Generator verbunden. Deswegen rennen auch in dieser Wicklung die elektrischen Männchen hin und her. Dabei machen sie den Kern magnetisch.

Weil sie nicht in eine Richtung rennen, sondern hin und her, dreht sich das Magnetfeld dabei auch immer hin und her. Dadurch rennen auch in der anderen Wicklung die elektrischen Männchen hin und her.

Nun besteht die Wicklung, die mit dem Generator verbunden ist, nur aus wenigen Windungen. Bei der anderen Wicklung sind es viel mehr. Deswegen hat der Strom auf dieser Seite eine viel höhere Spannung. Das bedeutet, dass die elektrischen Männchen auf dieser Seite viel, viel kräftiger sind als die auf der anderen Seite. Dafür sind es aber auch weniger elektrische Männchen. Viele schwächere elektrische Männchen können nämlich genauso viel arbeiten wie wenige starke.

Transformator

Das Stromnetz

Die elektrischen Männchen, die aus dem Umspannwerk beim Kraftwerk ankommen, sind ungefähr tausendmal so stark wie die in der Steckdose. Und natürlich auch entsprechend gefährlicher. Diese unglaublich starken elektrischen Männchen bezeichnet man als Hochspannung. Die Hochspannung kann man mit den Hochspannungsleitungen über große Strecken transportieren.

Die Hochspannungsleitungen führen zu anderen Umspannwerken, die in der Nähe der Städte und Dörfer sind, wo der Strom verbraucht wird. Hier wird das Umgekehrte gemacht wie im Umspannwerk beim Kraftwerk. Heraus kommen elektrische Männchen, die noch gut zwanzigmal so stark sind wie die in der Steckdose. Das nennt man Mittelspannung. Die Mittelspannung wird nun wieder durch Leitungen zu den Trafohäuschen und Trafostationen in den Städten und Dörfern geleitet. Hier wird sie noch einmal heruntergespannt und heißt jetzt Niederspannung. Diese Niederspannung schließlich kommt über Kabel in die Häuser und über den Verteilerkasten mit dem Stromzähler im Keller und die Leitungen im Haus zu den Steckdosen und Lampen.

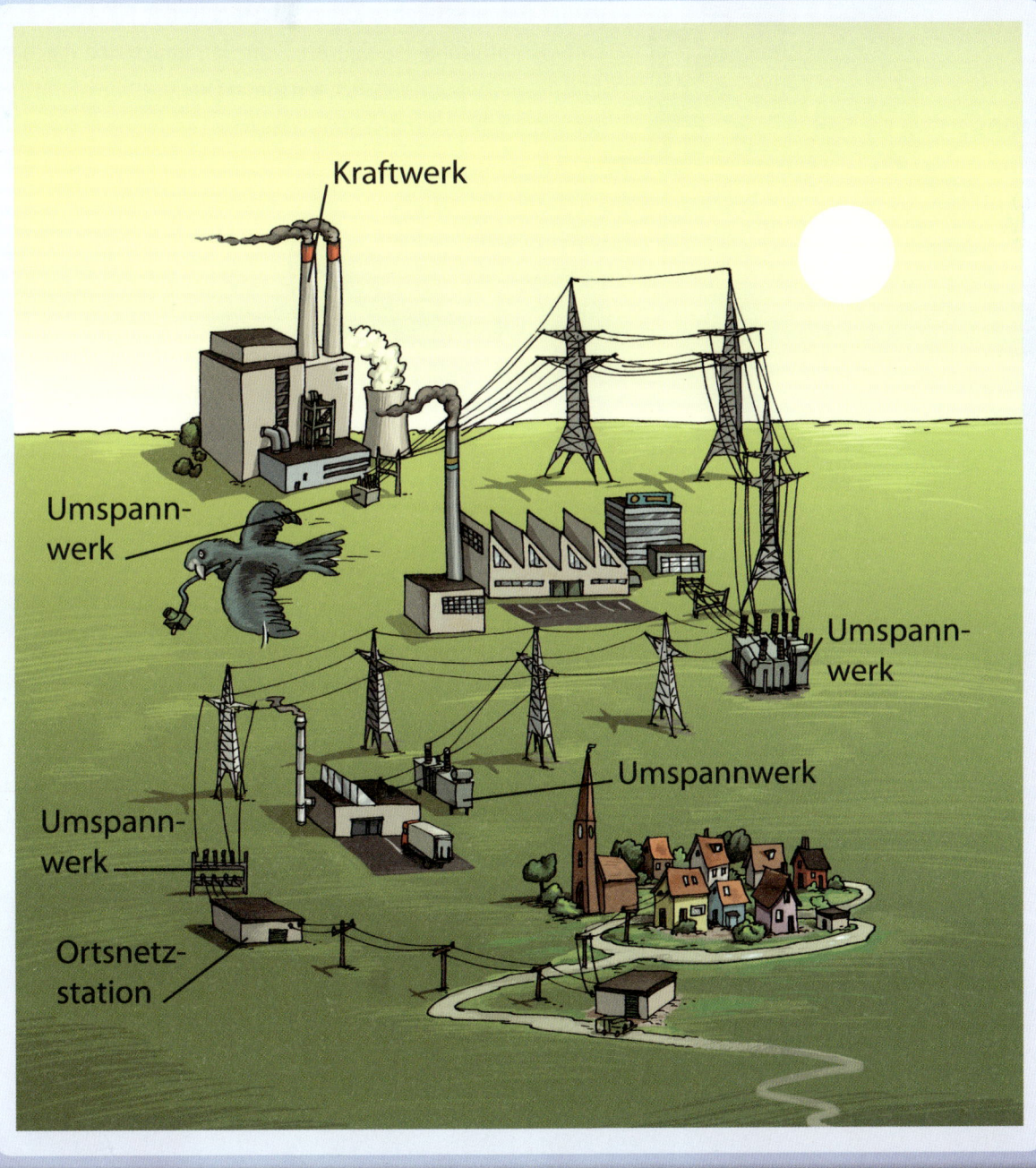

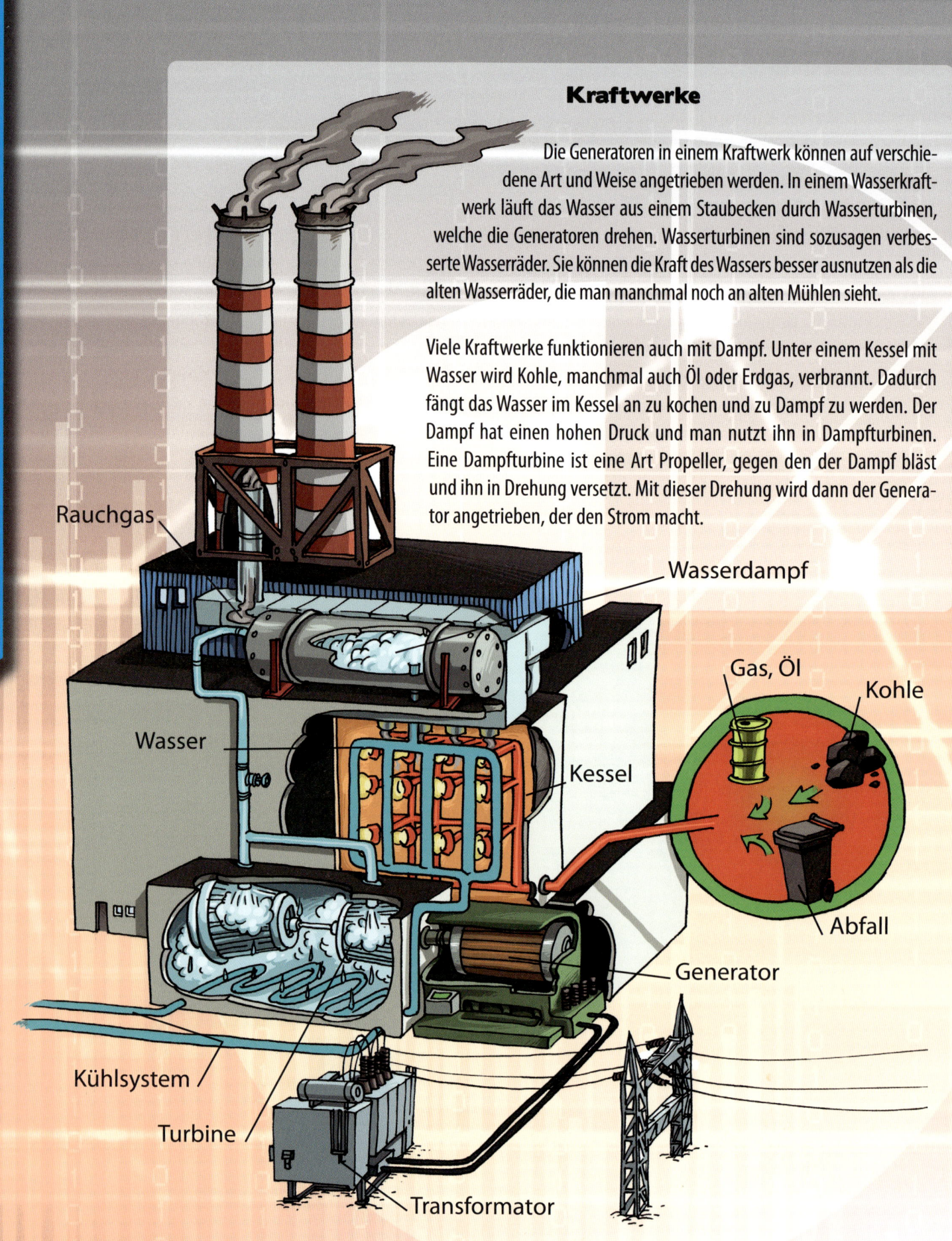

Kraftwerke

Die Generatoren in einem Kraftwerk können auf verschiedene Art und Weise angetrieben werden. In einem Wasserkraftwerk läuft das Wasser aus einem Staubecken durch Wasserturbinen, welche die Generatoren drehen. Wasserturbinen sind sozusagen verbesserte Wasserräder. Sie können die Kraft des Wassers besser ausnutzen als die alten Wasserräder, die man manchmal noch an alten Mühlen sieht.

Viele Kraftwerke funktionieren auch mit Dampf. Unter einem Kessel mit Wasser wird Kohle, manchmal auch Öl oder Erdgas, verbrannt. Dadurch fängt das Wasser im Kessel an zu kochen und zu Dampf zu werden. Der Dampf hat einen hohen Druck und man nutzt ihn in Dampfturbinen. Eine Dampfturbine ist eine Art Propeller, gegen den der Dampf bläst und ihn in Drehung versetzt. Mit dieser Drehung wird dann der Generator angetrieben, der den Strom macht.

Rauchgas

Wasserdampf

Gas, Öl

Kohle

Wasser

Kessel

Abfall

Generator

Kühlsystem

Turbine

Transformator

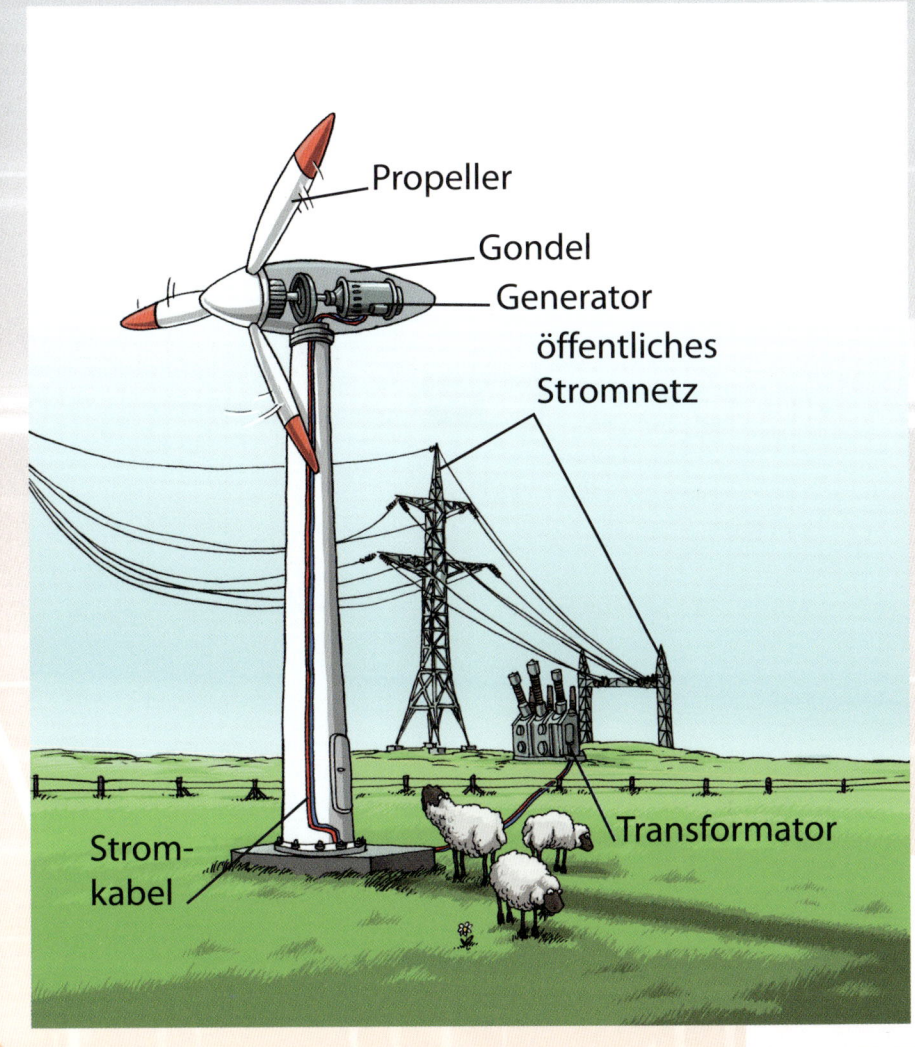

Propeller

Gondel

Generator

öffentliches Stromnetz

Transformator

Strom-kabel

Windenergie

Auch den Wind kann man nutzen, um Generatoren anzutreiben. Ein Windkraftwerk hast du bestimmt schon gesehen: Der große Propeller wird vom Wind gedreht und dreht seinerseits einen Generator, der in der Gondel, dem eiförmigen Gehäuse hinter dem Propeller, oben auf dem Mast sitzt.

Haus mit Solarpanels auf dem Dach

Zwei Arten von Solarstrom

Mit der Sonne kann man auf zweierlei Art und Weise Strom erzeugen: Man kann das Sonnenlicht mit Spiegeln bündeln und auf einen Dampfkessel lenken. Mit dem Dampf aus diesem Kessel kann man dann eine Dampfturbine antreiben, ganz genauso wie in einem herkömmlichen Dampfkraftwerk.

Strom aus Sonnenlicht kann man aber auch mithilfe von Halbleitern erzeugen. Bestimmte Halbleiter lassen den elektrischen Strom nicht nur durchfließen, wenn Licht auf sie fällt, sondern erzeugen sogar Strom. Solche Halbleiter sind in den Solarzellen eingebaut, aus denen man die Solarpanels von Sonnenkraftwerken macht.

WIND- UND WASSERKRAFT NUTZEN

Ein eigenes Windkraftwerk zu bauen oder eine richtige Turbine, wäre wohl ein bisschen schwierig. Ein einfaches Windrad und ein Wasserrad jedoch kannst du dir basteln.

Wasserrad

Das brauchst du:

- ✓ 1 Joghurtbecher
- ✓ 1 Schere
- ✓ 1 Messer
- ✓ 1 einfache Stricknadel
- ✓ 1 Korken
- ✓ Gegebenenfalls 2 kleine Äste mit Astgabeln an den Enden
- ✓ Klebstoff

So geht's:

1 Schneide mit der Schere aus dem Joghurtbecher sechs gleiche Schaufeln, so wie du es in der Abbildung siehst.

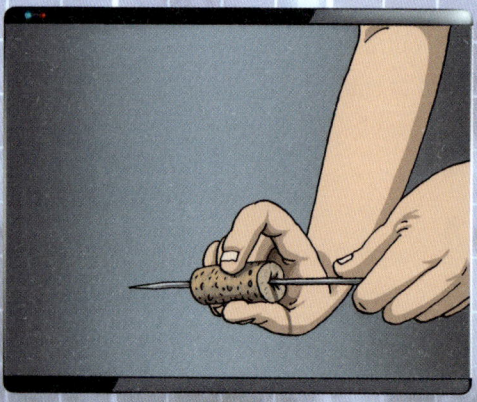

2 Bohre die Stricknadel vorsichtig der Länge nach genau durch die Mitte des Korkens. Lass dir bei diesem und dem nächsten Schritt von einem Erwachsenen helfen.

3 Schneide in den Korken, so wie du es in der Abbildung siehst, sechs Schlitze, die du möglichst genau gleichmäßig auf dem Korken verteilst.

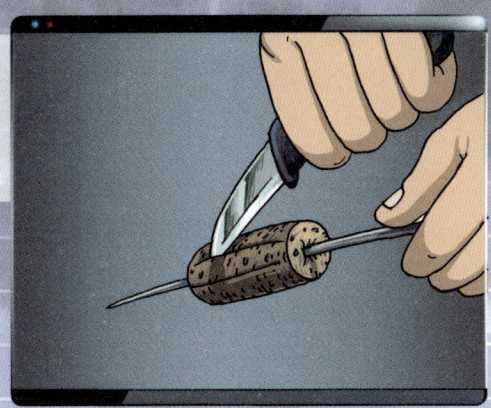

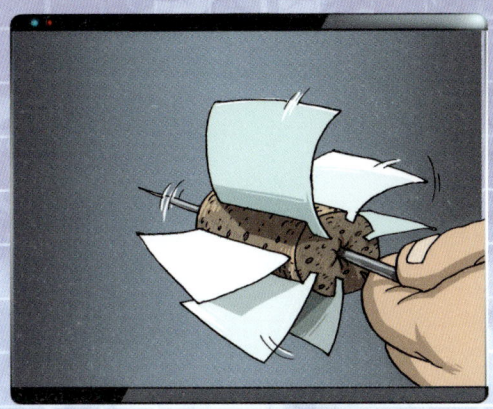

4 In diese Schlitze klebst du mit etwas Kleber jeweils eine der Schaufeln, die du aus dem Joghurtbecher ausgeschnitten hast.

5 Wenn du einen kleinen Bach zur Verfügung hast, schneidest du die zwei kleinen Äste mit den Astgabeln auf die gleiche Länge zurecht.

6 Stecke sie nun so in den Grund des Baches, dass du die Stricknadel darüberlegen kannst und jeweils die untersten zwei Schaufeln ins Wasser ragen. Die hohle Seite der Schaufeln muss dabei gegen die Strömung zeigen. Jetzt dreht sich dein Wasserrad.

7 Wenn du keinen Bach in der Nähe hast, tut es auch ein Wasserhahn. Fasse die Stricknadel, damit sie sich drehen kann, locker an beiden Enden und halte die Schaufeln in den Wasserstrahl. Auch so wird sich dein Wasserrädchen drehen.

Was ist passiert?

Fließendes Wasser kann Arbeit verrichten. Der Bach oder der Wasserstrahl aus dem Wasserhahn drückt gegen die Schaufeln des Wasserrades und dreht sie weg. Dadurch kommen aber gleich die nächsten Schaufeln ins Wasser, werden auch weggedrückt und so weiter, sodass sich das Wasserrädchen lustig dreht.

WIND- UND WASSERKRAFT NUTZEN

Windrad

Das brauchst du:

- ✓ 1 Rundstab
- ✓ Festes Papier (Tonpapier, Windradfolie oder etwas Ähnliches)
- ✓ 1 Schere
- ✓ 1 Reißzwecke
- ✓ Klebstoff

So geht's:

1 Schneide dir mit der Schere ein etwa 14 x 14 Zentimeter großes Papierquadrat zurecht.

2 Falte eine Diagonale und öffne das Papier wieder. Falte dann die andere Diagonale und öffne das Papier wieder.

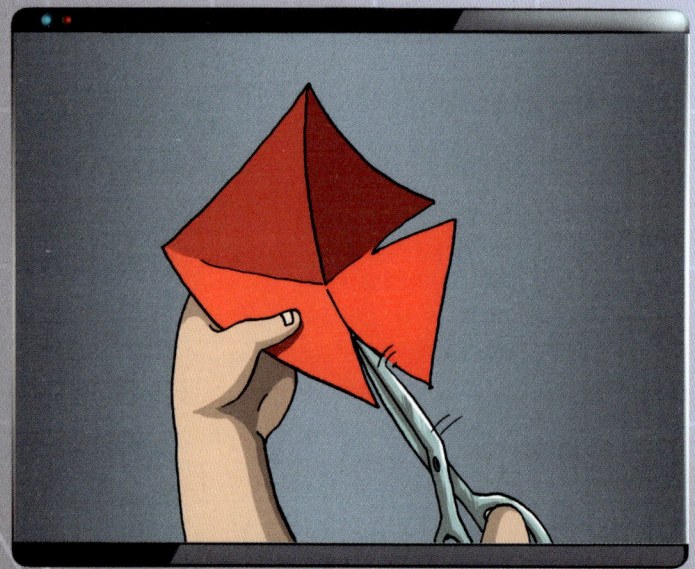

3 Schneide das Papier mit der Schere entlang den diagonalen Faltlinien etwa bis zur Hälfte vom Mittelpunkt des Quadrates ein.

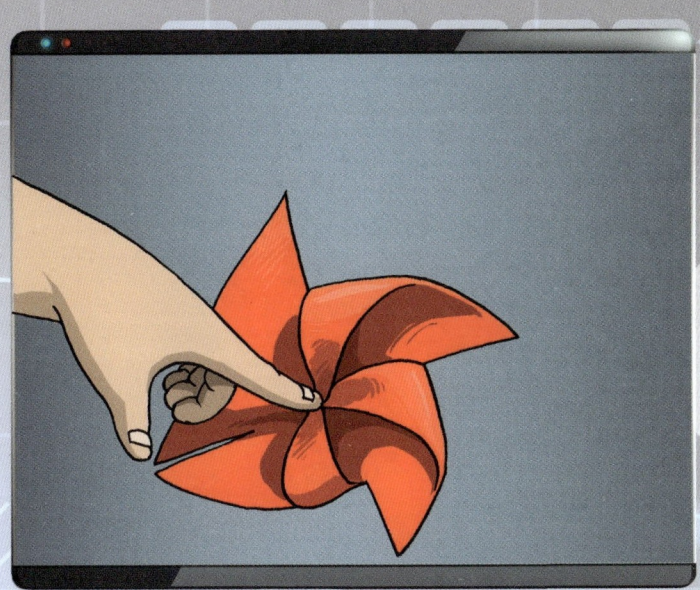

4 Schlage jede zweite Spitze des Papiers nach innen ein und klebe sie am Mittelpunkt des Quadrates fest.

5 Pinne dein Windrad mit einer Reißzwecke durch den Mittelpunkt an den Rundstab. Achte darauf, dass du dein Windrad nicht zu fest an den Stab pinnst, sonst kann es sich nicht mehr drehen.

6 Halte dein fertiges Windrad in den Wind. Es wird sich wunderbar drehen.

Was ist passiert?

Wie das Wasser kann auch der Wind arbeiten. Der Wind drückt gegen die Flügel deines Windrades und dreht sie. Weil die Luft viel leichter ist als Wasser, müssen Windräder größer sein als Wasserräder, wenn sie die gleiche Arbeit tun sollen. Du kannst es auch selbst probieren: Wenn du deine Hand in fließendes Wasser hältst, drückt dieses viel stärker dagegen, als wenn du deine Hand in den Wind hältst.

WOHER WEISS DIE KASSE, WAS DIE SCHOKOLADE KOSTET?

Der Barcode

Der Barcode ist im Grunde nichts anderes als eine Nummer. Nur ist diese nicht mit Ziffern geschrieben, sondern in einer besonderen Schrift aus unterschiedlich breiten schwarzen Balken und Zwischenräumen.

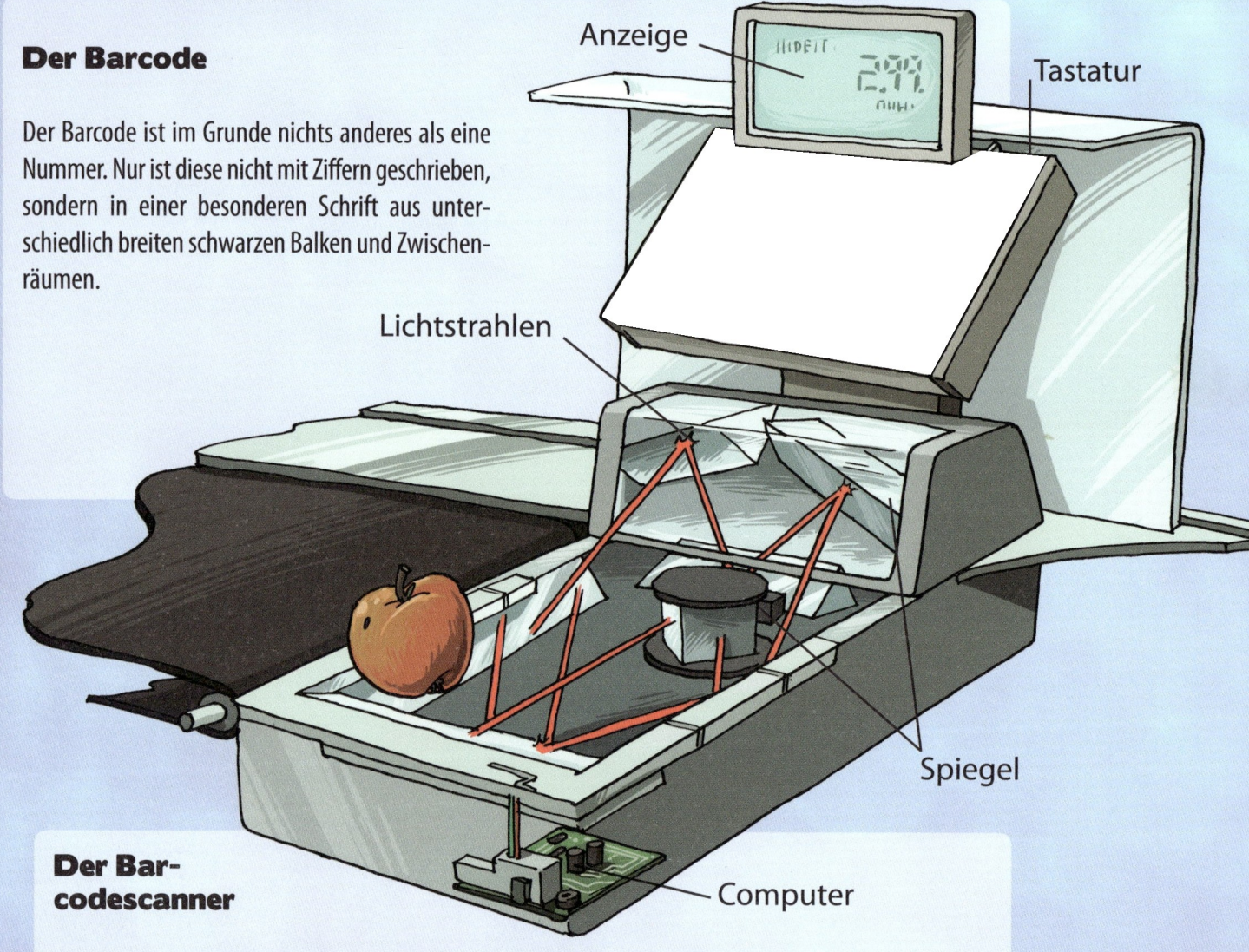

Anzeige

Tastatur

Lichtstrahlen

Spiegel

Computer

Der Barcodescanner

In jedem Barcodescanner gibt es ein Licht, das das Feld mit dem Barcode anleuchtet. Außerdem gibt es einen lichtempfindlichen Halbleiter, der je nachdem, wie hell es ist, einen unterschiedlich starken elektrischen Strom fließen lässt. Zieht man nun das Barcodefeld an dem Scanner vorbei, bewirken die schwarzen Balken und weißen Zwischenräume, dass es abwechselnd heller und dunkler wird.

Außerdem ist in dem Scanner ein kleiner Computer. Der misst die Zeit, die es jeweils heller und dunkler ist. Daraus kann er die Nummer berechnen, die der Barcode darstellen soll.

Das steckt dahinter:

Wichtig dabei ist der Computer des Supermarkts: Dorthin wird nämlich die Nummer geschickt, die der Scanner gelesen hat. Daran erkennt der Computer die Ware, die gescannt worden ist. Diesen Preis der Ware schickt er jetzt an die Kasse, wo er angezeigt und zu den Preisen der anderen gekauften Waren hinzugerechnet wird.

WAS STECKT HINTER DER BARCODE-NUMMER?

Oft steht die im Barcode verschlüsselte Zahl auch in ganz normalen Ziffern darunter. Dann kannst du einiges über die Ware erfahren.

Das brauchst du:

✓ Die Verpackung einer Ware, bei der der Barcode auch in Zahlen angegeben ist
✓ 1 Computer mit Internetzugang

So geht's:

1 Gehe zu folgender Internetseite: http://www.gepir.de

2 Dort klickst du auf die Schaltfläche „Suche über GTIN".

3 Jetzt kannst du die Zahl aus dem Barcodefeld eingeben und auswählen, ob du den Hersteller oder mehr über die Ware (Artikelinformationen) erfahren möchtest.

4 Wenn du nun auf „Suchen" klickst, erfährst du das Gewünschte. Natürlich kannst du auch beide Möglichkeiten nacheinander ausprobieren.

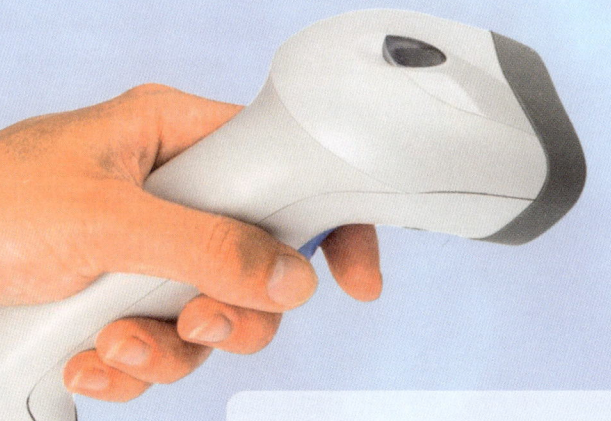

Was ist passiert?

Die Zahl, die in dem Barcode verschlüsselt ist, ist die sogenannte „GTIN" (Globale Artikelidentnummer). Das ist eine Nummer, die es nur ein einziges Mal gibt und die zu deiner Ware gehört. Das Computerprogramm hinter der GEPIR-Website hat eine Liste mit allen Waren, die eine solche Nummer haben. Und dort sind auch die Informationen zu den Waren gespeichert, die du bekommst, wenn du die Nummer auf dieser Website eingibst.

WER SCHALTET IN DER AMPEL DIE LICHTER EIN UND AUS?

Eine Ampel besteht im Prinzip aus ganz gewöhnlichen Lampen mit Glühbirnen. Es ist lediglich jeweils ein farbiges Glas davor, damit sie rot, gelb oder grün leuchtet. Wichtig ist aber, dass die Lichter zur richtigen Zeit ein- und ausgeschaltet werden.

Der Verkehrsrechner

Dahinter steckt natürlich auch wieder ein Computer: der Verkehrsrechner. Dieser steht auf der Polizeiwache oder in einem Gebäude der Stadtverwaltung. Er schaltet jedes einzelne der vielen roten, gelben und grünen Lichter an den Ampeln in der ganzen Stadt zu den richtigen Zeiten ein und aus.

Achtung, Kreuzung!

Das ist schon bei einer einzigen Kreuzung nicht ganz einfach. Schließlich muss immer, wenn die eine Richtung Grün hat, die andere Rot haben. Außerdem kann es sein, dass sich eine Straße mit viel Verkehr mit einer kreuzt, die weniger Verkehr hat. Dann muss es für die Straße mit mehr Verkehr länger grün sein als für die mit weniger. Außerdem sind da ja auch noch die Fußgängerampeln, die ebenfalls zu den richtigen Zeiten rot und grün sein müssen.

Noch schwieriger wird es, wenn es mehrere Kreuzungen gibt. Dann muss das Programm auf dem Verkehrsrechner so gemacht sein, dass die Ampeln zusammenpassen: Die Ampeln müssen dann die Autos immer so fahren lassen, dass es zwischen den Ampeln der einen Kreuzung und den Ampeln der anderen Kreuzung keinen Stau gibt.

Verschiedene Programme

Manchmal ist ein Verkehrsrechner so programmiert, dass er auf einer Hauptverkehrsstraße den Ampeln an aufeinanderfolgenden Kreuzungen nacheinander Grün gibt. Und zwar immer so, dass die Autofahrer, die bei Grün losgefahren sind, auch an der nächsten Ampel wieder Grün haben. Das nennt man „grüne Welle".

Für solche Dinge hat ein moderner Verkehrsrechner unterschiedliche Programme. Von denen läuft immer dasjenige, das für die Art, wie der Verkehr gerade läuft, am besten passt. Zum Beispiel können auch die Grünphasen von bestimmten Ampeln besonders lang sein, wenn eine Veranstaltung zu Ende ist und viele Autofahrer auf dem Heimweg an diesen Ampeln vorbeikommen.

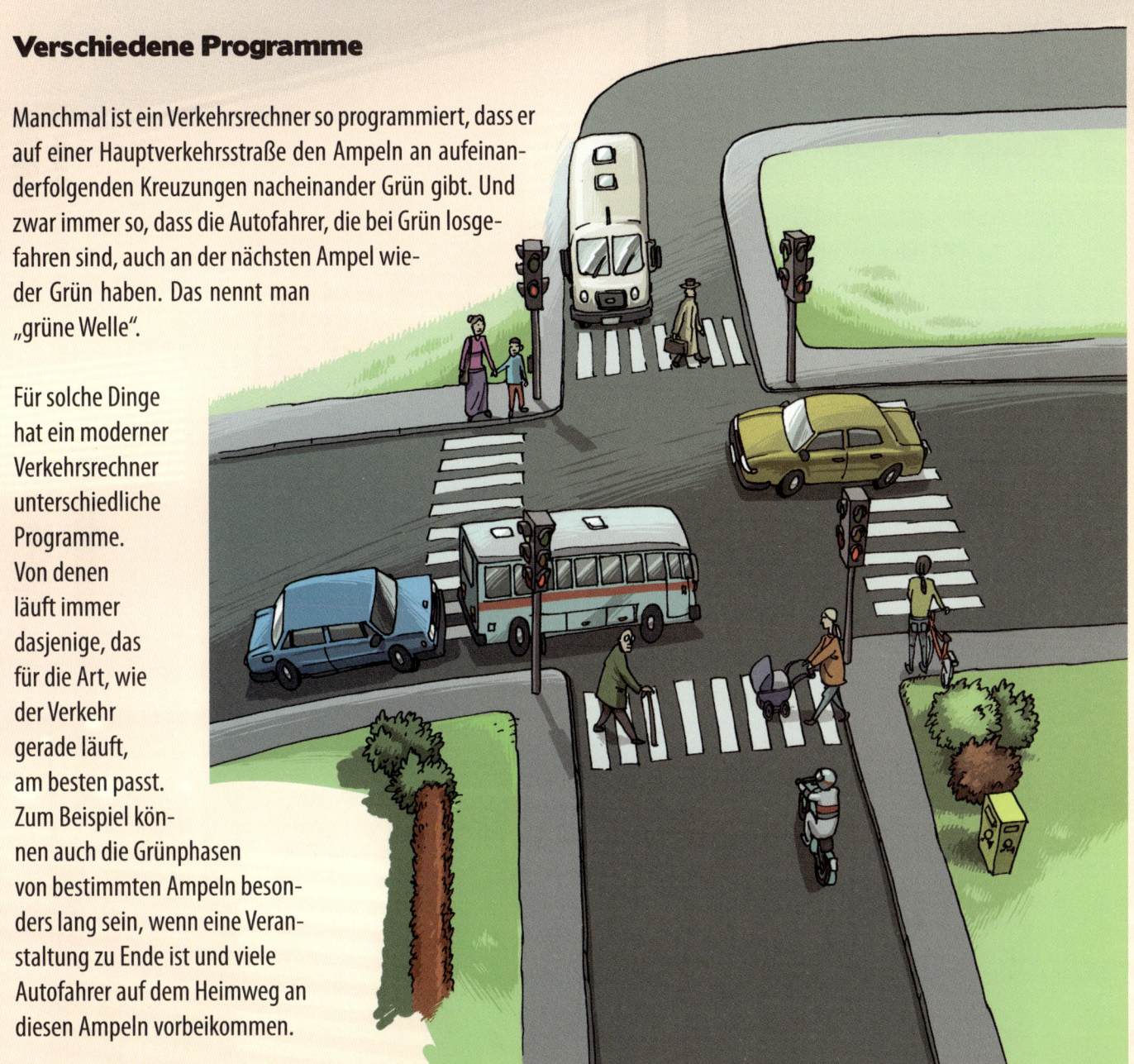

Das steckt dahinter:

Verkehrszählungen

Woher wissen nun aber die Experten, die den Verkehrsrechner programmieren, wann wo besonders viel Verkehr ist? Dafür gibt es Verkehrszählungen: Man zählt zu verschiedenen Zeiten an verschiedenen Orten, wie viele Fahrzeuge in welchen Richtungen über die Kreuzungen fahren. Die Leute, die die Verkehrsrechner programmieren, versuchen dann, die Programme für den Verkehrsrechner so zu schreiben, dass die Ampeln den Verkehr zu jeder Zeit so regeln, dass er überall möglichst flüssig läuft.

WIE MERKT DER BLITZER, DASS JEMAND ZU SCHNELL FÄHRT?

Strenge Kontrolle

Immer wieder kontrollieren Polizei oder Ordnungsamt die Geschwindigkeit der Auto- und Motorradfahrer auf bestimmten Straßen.

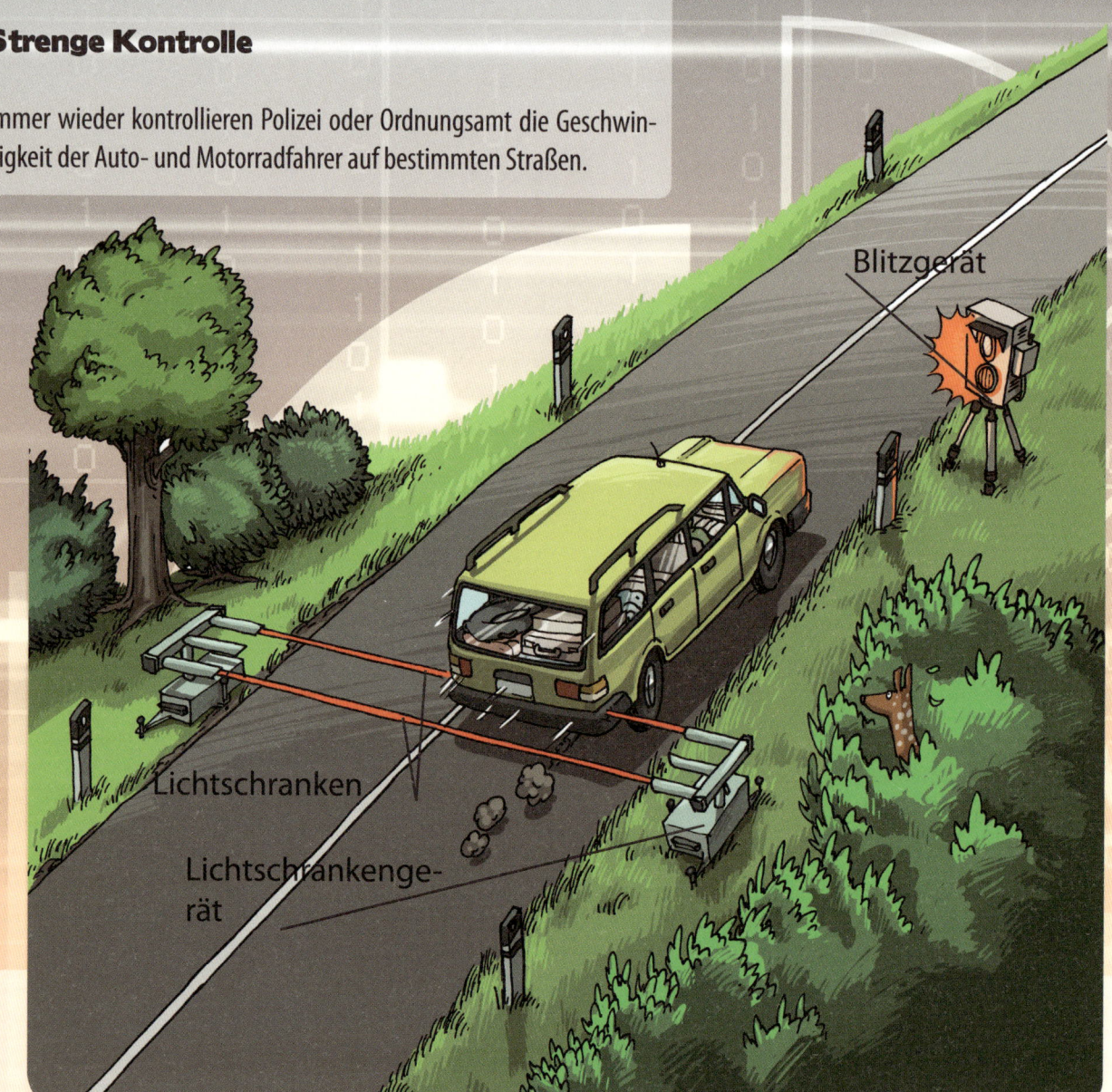

Blitzgerät

Lichtschranken

Lichtschrankengerät

Zwei Lichtschranken ...

Die mobilen Überwachungsanlagen, mit denen Polizei und Ordnungsamt kontrollieren, funktionieren meist mit Lichtschranken. Wenn du genau hinschaust, siehst du bei einer Geschwindigkeitskontrolle außer dem großen Kasten mit dem Blitz und dem Fotoapparat zwei kleine Geräte, von denen je eins auf jeder Straßenseite steht.

In dem einen der beiden Geräte sind zwei Lampen eingebaut, die zwei Lichtstrahlen quer über die Straße schicken. Diese beiden Lichtstrahlen sind genau auf das andere Gerät auf der anderen Straßenseite ausgerichtet. Jeder Lichtstrahl trifft dort auf ein Halbleiterelement, das so wie auch der Halbleiter im Barcodescanner auf Licht reagiert. Eine solche Einrichtung, bei der ein Lichtstrahl unterbrochen und das dann von einem lichtempfindlichen Halbleiter registriert wird, nennt man Lichtschranke.

... und ein Computer

Jedes Auto, das vorbeifährt, unterbricht dabei nacheinander die beiden Lichtschranken. Zu der ganzen Geschwindigkeitsüberwachung gehört ein Computer. Der merkt, wenn die Lichtstrahlen unterbrochen werden, und misst die Zeit zwischen den beiden Unterbrechungen. Diese Zeit ist umso kürzer, je schneller das Fahrzeug unterwegs ist.

Aus dem Abstand der zwei Lichtschranken und der Zeit zwischen den Unterbrechungen rechnet der Computer jetzt die Geschwindigkeit des Fahrzeugs aus. Die erlaubte Geschwindigkeit haben die Polizisten an dem Computer eingestellt. Ist das Fahrzeug schneller als erlaubt, löst der Computer Blitz und Fotoapparat aus und merkt sich die Geschwindigkeit. Und die steht dann in dem Brief, den der Verkehrssünder kurz darauf von der Polizei oder dem Ordnungsamt bekommt.

Schon gewusst?

Die fest montierten Blitzer funktionieren etwas anders als die mobilen. Hier sind zwei Drahtschlaufen in einem ganz bestimmten Abstand in der Straße verlegt. In den Drahtschlaufen fließt elektrischer Strom. Das Eisenblech der Autokarosserie beeinflusst diesen Strom und daran merkt der Computer, dass etwas über den Draht gefahren ist. Auch hier wird wieder die Zeit gemessen und auch sonst funktioniert der stationäre Blitzer so wie der mobile.

Das steckt dahinter:

Wenn man eine zurückgelegte Wegstrecke durch die Zeit teilt, die man dafür benötigt hat, bekommt man die Geschwindigkeit. Der Computer im Blitzer teilt daher den Abstand zwischen den Lichtschranken durch die Zeit, die er gemessen hat.

WIE KOMMT DAS GELD AUS DEM AUTOMATEN?

Jederzeit Bares

Geld von einem Bankkonto kann man sich Tag und Nacht aus dem Geldautomaten holen. Dahinter steckt wieder einmal moderne Computertechnik.

Transportbänder für Geldscheine

Computer

Bildschirm

Schaltknöpfe

Geldausgabe

Kartenleser

Tastatur

Ein Computer

Das Wichtigste am Geldautomaten ist der eingebaute Computer. Er ist über das Internet mit dem Computersystem der Bank verbunden. Da in dem Geldautomaten allerhand Geld steckt, ist zumindest der Teil, in dem das Geld aufbewahrt wird, natürlich in eine Art Panzerschrank eingebaut. Außerdem ist er möglichst fest eingemauert, damit Diebe ihn nicht so leicht herausreißen, auf einen Lastwagen laden und zu Hause in aller Ruhe knacken können.

Ähnlich wie an einem PC gibt es am Geldautomaten einen Bildschirm und eine Tastatur, über die man den Geldautomaten bedienen kann. Wichtig ist auch der Kartenleser. Meist sitzt er neben dem Bildschirm. Dort hinein steckt man seine Bankkarte.

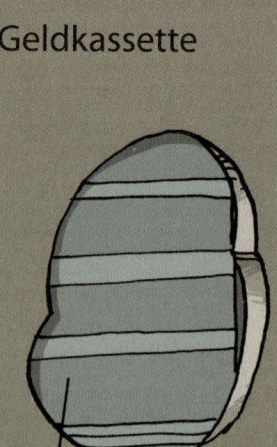

Geldkassette

Geldkassette

Geldkassette

Ist überhaupt Geld auf dem Konto?

Stimmen Bankkarte und Geheimzahl überein, kann man über die Tastatur eingeben, wie viel Geld man haben möchte. Über das Internet kann der Geldautomat nun beim Computersystem der Bank nachfragen, ob man so viel Geld abheben darf.

Wenn alles in Ordnung ist, wird das Geld ausgezahlt. Dafür gibt es eine ausgetüftelte Mechanik, die in der Lage ist, auf Befehl des Computers die notwendigen Geldscheine aus dem Vorratsbehälter im Geldautomaten herauszugeben.

Diese werden dann durch eine Art Förderband zum Ausgabeschlitz transportiert. Dort kann man das Geld dann herausnehmen. Gleichzeitig weiß jetzt aber auch das Computersystem der Bank, dass und wie viel Geld man abgehoben hat, und bucht den entsprechenden Betrag vom Konto ab.

Das steckt dahinter:

Die Geheimzahl

Auf der Bankkarte ist ein Magnetstreifen. Darauf befindet sich ein Muster aus magnetisierten und nicht magnetisierten Bereichen. Der Kartenleser erkennt dieses Muster und kann es entschlüsseln, ähnlich wie der Barcodescanner den Barcode. In dem Magnetstreifen stecken Zahlen, die an den Computer im Geldautomaten geschickt werden. Die Zahlen sagen dem Computer, wer der Kartenbesitzer ist.

Um sich auszuweisen, muss man nun seine Geheimzahl eingeben. Der Bankautomat kann dann feststellen, ob die eingegebene Zahl tatsächlich die Geheimzahl ist, die zu der Bankkarte gehört, die im Kartenleser steckt.

FREIZEIT

Nachmittags nach der Schule und am Wochenende kannst du tun, was dir Spaß macht. Auch in der Freizeit benutzt du eine ganze Reihe von technischen Geräten, wie zum Beispiel den Fernsehapparat, deinen MP3-Player oder dein Skateboard.

Auch in diesen Dingen steckt allerhand Technik: mal einfache Mechanik, wie im Skateboard, dann wieder ausgeklügelte Elektronik, wie im MP3-Player oder in der Digitalkamera.

SO VIEL MUSIK IN DEM KLEINEN DING?

Mit einem MP3-Player kann man seine eigene Musik überallhin mitnehmen. Natürlich steckt hier auch wieder Computertechnik dahinter.

Digitale Töne

Im Kapitel über das Telefon hast du bereits gelesen, dass man mit einem Computer auch Töne in Zahlen verwandeln kann, die der Computer dann speichern und verarbeiten kann. Wenn man etwas auf diese Art für den Computer lesbar macht, nennt man das Digitalisieren. Wenn etwas für einen Computer verarbeitbar ist, sagt man auch, es liege in digitaler Form vor.

Musik wird heute praktisch nur noch in digitaler Form verbreitet. Deswegen kann man sie auf allen Medien speichern, auf denen man auch mit dem Computer irgendwelche Daten aufheben kann. Es gibt nun jeweils verschiedene Methoden, Bilder, Töne, Zeichnungen und dergleichen digital zu speichern. Diese Methoden bezeichnet man als Formate. MP3 ist ein Format, also eine ganz bestimmte Methode, Töne und vor allem Musik zu speichern.

Ein USB-Stick und ein kleiner Computer

Ein MP3-Player sieht einem USB-Stick nicht nur sehr ähnlich, sondern besteht eigentlich zum Teil auch aus einem solchen. Und er besitzt auch einen USB-Stecker. Ein USB-Stick ist ein kleines, stäbchenförmiges Gerät, auf dem du Daten speichern kannst. Um die Daten auf dem Stick zu speichern oder gespeicherte Daten zu lesen, steckst du den Stick einfach in die USB-Schnittstelle an deinem Computer oder Laptop. Der sogenannte Flash-Speicher, der auch als Speicherkarte in deinem Handy und der Digitalkamera vorkommt, hat die wichtige Eigenschaft, dass er seine Daten auch behält, wenn er keinen elektrischen Strom bekommt, sodass man seine Daten überallhin mitnehmen kann.

Das Laden der Musikdateien auf den MP3-Player funktioniert auch genauso wie das Laden von Dateien auf einen USB-Stick. Im MP3-Player ist jedoch noch ein kleiner Computer eingebaut. Auf dem läuft ein Programm, mit dem man gespeicherte Musikstücke auswählen und abspielen kann.

Wenn du ein Lied von deinem MP3-Player abspielst, liest der kleine Computer die Daten aus der zugehörigen MP3-Datei und wandelt sie in kleine Stromstöße um. Diese werden dann noch elektrisch ein wenig verstärkt und über die Anschlusskabel zu deinen Ohrhörern geleitet, sodass du die Musik hören kannst.

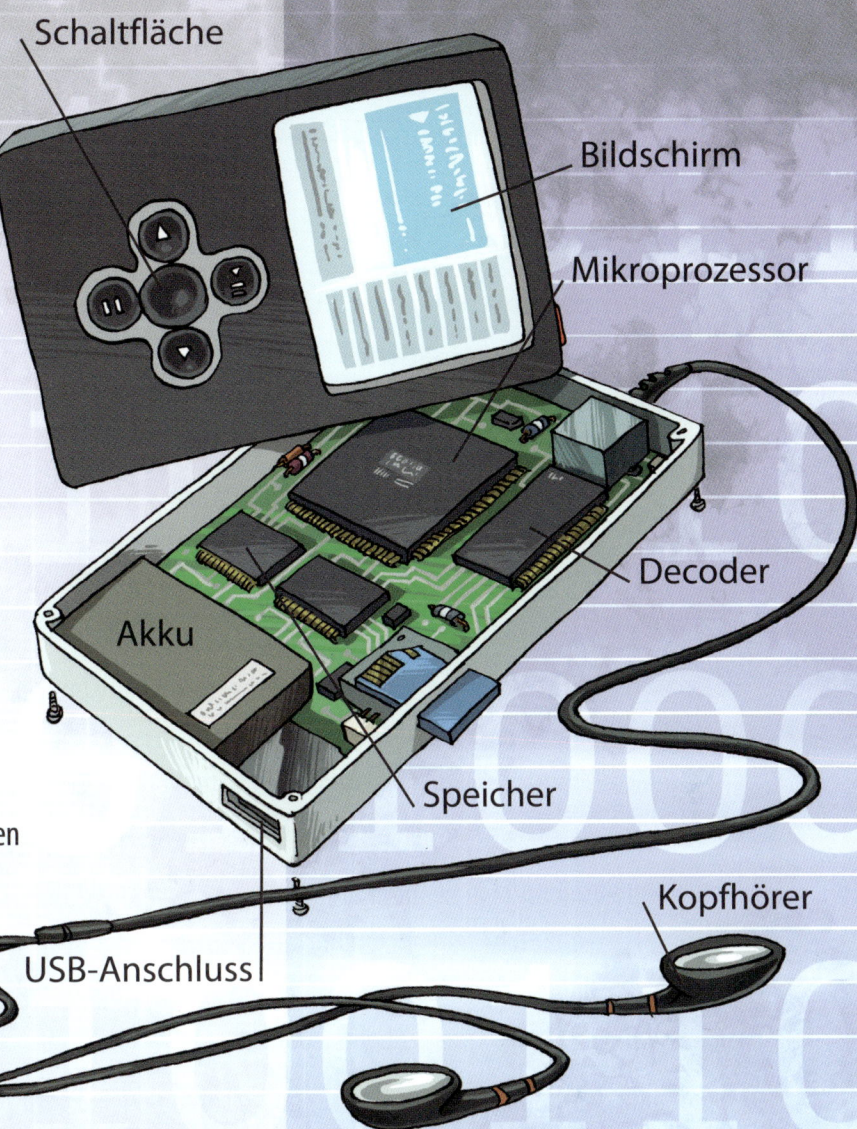

Schaltfläche

Bildschirm

Mikroprozessor

Decoder

Akku

Speicher

USB-Anschluss

Kopfhörer

Schon gewusst?

Wenn du Dateien irgendwohin mitnehmen willst und gerade keinen USB-Stick zur Hand hast, kannst du auch deinen MP3-Player als USB Stick verwenden.

MACH DEINE EIGENEN MP3S

Das brauchst du:

- ✓ 1 Computer mit Windows 7 und Internetzugang
- ✓ 1 Mikrofon oder Headset
- ✓ 1 MP3-Player

So geht's:

1. Wenn du selbst noch keine Programme herunterladen und installieren kannst, bittest du einen Erwachsenen, dass er dir das kostenlose Programm Freemake Audio Converter von der Website http://www.freemake.com herunterlädt und installiert.

2. Zu Windows gehört ein kleines Programm namens Audiorecorder. Damit kannst du Töne aufnehmen und auf dem Computer abspeichern. Du findest es, wenn du im Startmenü „Alle Programme" auswählst und den Ordner „Zubehör" öffnest.

3. Wenn du den Audiorecorder gestartet und Mikrofon oder Headset mit dem Computer verbunden hast, klickst du auf „Aufnahme beginnen".

4. Jetzt kannst du ein paar Worte in das Mikrofon oder das Headset sprechen, ein Lied singen oder notfalls auch bis 50 oder 100 zählen. Hauptsache, es wird etwas aufgenommen.

5. Wenn du genug gesprochen hast, klickst du auf „Aufnahme beenden".

6. Jetzt geht ein Dateidialog auf und du kannst deiner Aufnahme einen Namen geben – zum Beispiel „Meine_erste_Aufnahme" – und sie abspeichern. Sie liegt dann in dem von Windows verwendeten Format WMA vor. Merke dir aber gut, wo du sie gespeichert hast.

7 Jetzt startest du den Freemake Audio Converter und klickst auf die Schaltfläche „Audio".

8 Es öffnet sich wieder ein Dateidialog, mit dem du dahin navigieren kannst, wo du deine Aufnahme abgespeichert hast.

9 Wähle deine Aufnahme aus und klicke auf „Öffnen".

10 Anschließend klickst du auf die ganz linke runde Schaltfläche am unteren Rand des Programmfensters von Freemake Audio Converter.

11 Hier kannst du jetzt einstellen, wohin deine MP3-Datei gespeichert werden soll und wie sie heißen soll. Du kannst auch alles so lassen wie es ist. Dann speichert das Programm deine MP3-Datei in den Ordner „Eigene Musik" und nennt sie so, wie du deine Aufnahme genannt hast, nur dass die Endung jetzt „mp3" statt „wma" heißt.

12 Du kannst deine MP3-Datei nun auf deinem Computer anhören.

13 Kopiere deine MP3-Datei auch auf deinen MP3-Player. Dann kannst du sie dir unterwegs anhören.

Was kann man damit anfangen?

Du kannst zum Beispiel auf diese Art und Weise einen Brief aufnehmen und ihn per E-Mail an jemanden schicken. Der Empfänger kann ihn sich dann unterwegs auf seinem MP3-Player anhören. Oder du liest für jemanden eine Geschichte vor, die er sich dann auch überall anhören kann.

WIE LASSEN SICH MUSIK, FILME UND DATEN VON CD UND DVD ABSPIELEN?

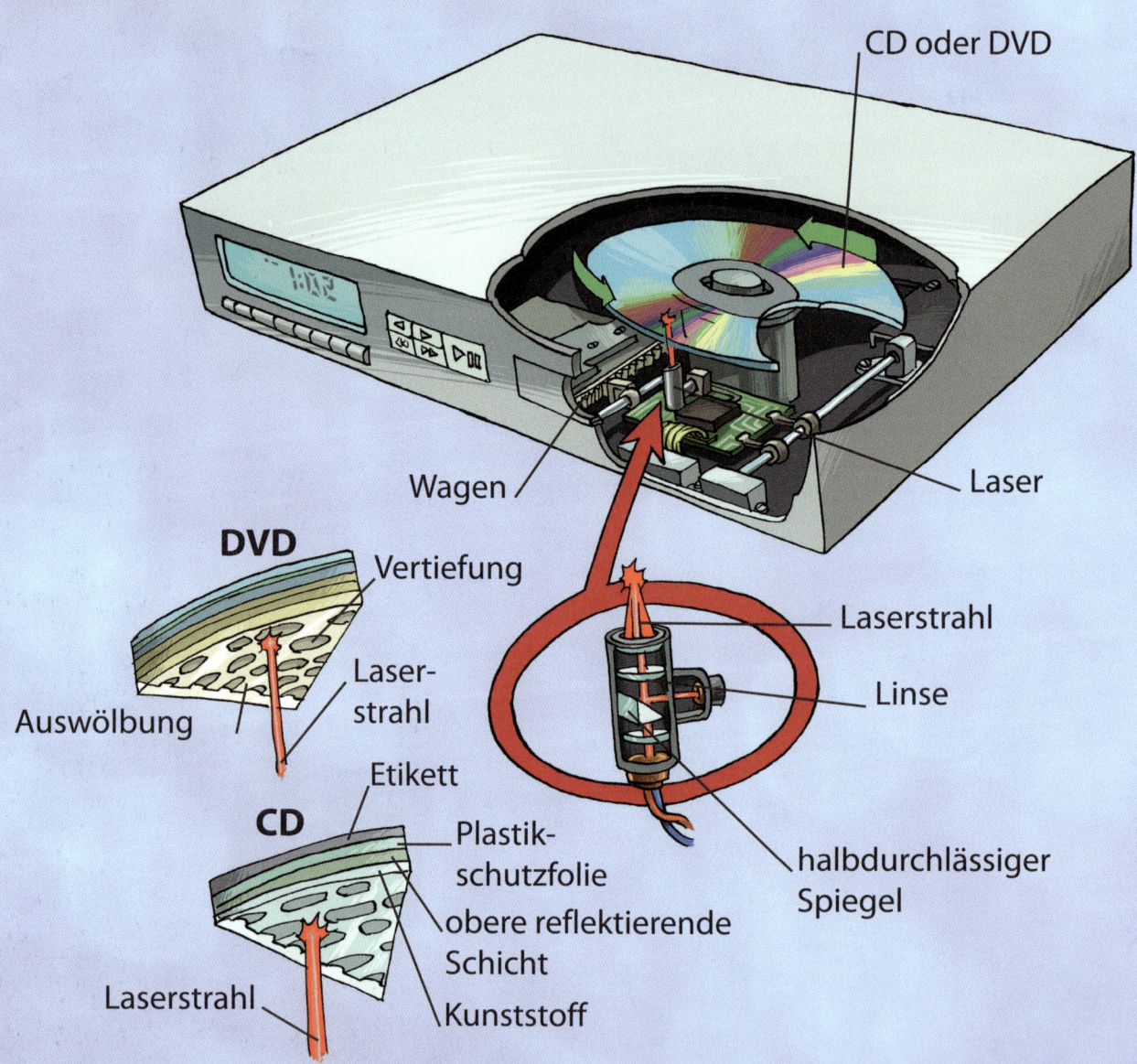

CD oder DVD

Wagen

Laser

DVD

Vertiefung

Laserstrahl

Linse

Auswölbung

Laser-strahl

CD

Etikett

halbdurchlässiger Spiegel

Plastik-schutzfolie

obere reflektierende Schicht

Laserstrahl

Kunststoff

Auf CD gespeichert

Obwohl die CD zuerst zum Speichern von Musik benutzt wurde, ist sie eigentlich ein Speicher für Computerdaten. Die Musik auf CDs wurde nämlich von Anfang an in digitaler Form, also in Zahlen für den Computer, gespeichert. Weil auf einer CD also immer Daten gespeichert werden, lag es nahe, sie auch für andere als Musikdaten zu verwenden, zum Beispiel für Computerprogramme oder andere Daten für den Computer. Da ja auch Videos heutzutage digital sind, kann man auf einer CD im Prinzip auch Filme speichern. Allerdings passt auf eine gewöhnliche CD kein ganzer Spielfilm. Deswegen erfand man die DVD. Auf sie passen mehr Daten, obwohl sie auch nicht größer ist als eine CD.

Der Laserstrahl

Das Lesen einer CD oder DVD funktioniert mit einem Laserstrahl, einem besonderen Lichtstrahl. Gewöhnliches Licht breitet sich kegelförmig aus, wie du an den Lichtkegeln von Autoscheinwerfern sehen kannst. Laserlicht hingegen bleibt ganz eng beieinander, sodass man auch auf größere Entfernungen einen ganz kleinen Punkt anleuchten kann, wie du das vom Laserpointer her kennst.

In einem CD- oder DVD-Player leuchtet ein Laserstrahl aus einer Laserdiode von unten gegen die CD oder DVD. Dort wird er reflektiert und dann von einem Spiegelsystem auf eine lichtempfindliche Diode geleitet. Das ist wieder mal ein Halbleiter, und zwar diesmal einer, der auf das Laserlicht reagiert und Strom fließen lässt, wenn er davon getroffen wird.

Die untere Seite einer CD oder einer DVD sieht fast aus wie ein Spiegel. Auf dieser Seite ist auch der Inhalt gespeichert.

Verschlüsselte Daten

In der scheinbar spiegelblanken Oberfläche der CD ist in Wirklichkeit ein Muster aus winzig kleinen Grübchen. In diesem Muster sind die Daten verschlüsselt, ähnlich wie in einem Barcodefeld oder auf dem Magnetstreifen einer Bankkarte.

Das Muster der Grübchen bewirkt, dass der Laserstrahl ungleichmäßig reflektiert wird. Deswegen schwankt das Laserlicht, das bei der Laserdiode ankommt. Diese macht aus dem schwankenden Licht Stromstöße, aus denen dann für den Computer lesbare Zahlen werden.

Musik und Filme abspielen

Ein CD-Spieler zum Musikhören macht aus den Musikdaten Stromstöße, die man verstärken und zu einem Lautsprecher leiten kann. Entweder zu einem eingebauten, wie bei einem tragbaren CD-Spieler, oder zu einer Stereoanlage. Beim DVD-Spieler werden Video- und Tonsignale ausgegeben, die man zu einem Fernsehapparat führt.

CD- und DVD-Laufwerke für den Computer jedoch geben digitale Daten ab, die der Computer verarbeiten kann. Aus Audio- und Video-Dateien macht der Computer dann mit einem Programm Töne beziehungsweise Töne und Bilder.

WIE KOMMEN DIE BILDER IN DEN FERNSEHER?

Die Video- und die Fernsehkamera

Um einen Film aufzunehmen, braucht man lediglich eine Videokamera. Sie funktioniert eigentlich genauso wie eine digitale Fotokamera. Der Unterschied ist, dass die Videokamera viele Bilder ganz schnell hintereinander aufnimmt.

Blick in ein Fernsehstudio

Wenn man diese Bilder hinterher auf dem Display der Kamera, dem Computer oder dem Fernsehapparat genauso schnell hintereinander anzeigt, sieht man die aufgenommene Szene wieder. Wenn in jeder Sekunde mindestens 24 Bilder aufgenommen und wiedergegeben werden, kann unser Auge die einzelnen Bilder nicht mehr unterscheiden, sondern sieht flüssige Bewegungen – eben einen Videofilm.

Die Kameras, die beim Fernsehen verwendet werden, sind auch nichts anderes als Videokameras. Sie sind lediglich größer und aufwendiger.

Livesendungen und aufgezeichnete Sendungen

Anstatt die Bilder einer Videokamera als Film zu speichern, kann man sie auch direkt über den Fernsehsender schicken. Das nennt man Livesendung. Ansager und Nachrichtensprecher beim Fernsehen werden live übertragen, die Berichte der Reporter aus aller Welt sind Videos, die abgespielt und über den Fernsehsender geschickt werden. Auch Serien und Spielfilme sind gespeichert und werden zur jeweiligen Sendezeit abgespielt.

Digitales Fernsehen und Radio

Beim Fernsehen werden Ton und Bild heute meist digitalisiert, also in Zahlen für den Computer verwandelt. Auch beim Radio kann man das machen und es gibt auch schon digitale Radioprogramme. Wie du vom Mobilfunk her weißt, kann man ja Computerdaten ohne Weiteres auch per Funk verschicken.

Der Fernsehapparat

Der Bildschirm eines Fernsehapparates mit Flachbildschirm funktioniert genauso wie der eines Computers. Außerdem ist im Fernsehapparat ein Empfänger eingebaut, der die vom Sender gesendeten Daten empfängt und der wie die Grafikkarte des Computers dafür sorgt, dass auf dem Bildschirm die richtigen Pixel in der richtigen Farbe leuchten und man die Fernsehbilder sieht.

Satellit

Sendemast

Satelliten-schüssel

Fernseh-sender

Satelliten-schüssel

Antenne

Bei mir zu Hause

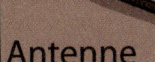

Bei mir zu Hause

Das Satellitenfernsehen

Die Funkwellen des Fernsehens können zwar ziemlich weit reichen, gehen aber nicht durch Häuser, Berge und dergleichen hindurch. Damit man nun nicht so viele Fernsehtürme braucht, um das Fernsehen überall hinzubringen, gibt es das Satellitenfernsehen.

Ein Satellit ist sozusagen ein künstlicher Mond, der die Erde umkreist. Wenn er das genauso schnell tut, wie die Erde sich dreht, scheint er von der Erde aus gesehen stillzustehen. Einen solchen Satelliten kann man sozusagen als Fernsehturm benutzen. Das Fernsehprogramm wird per Funk ins Weltall zu einem Empfänger im Satelliten geschickt. Von dort geht es sofort weiter zu einem Sender, der ebenfalls im Satelliten sitzt. Und da die Funkwellen mit dem Fernsehprogramm auf diese Weise von oben kommen, kann man mit einem einzigen Satelliten problemlos die Fernsehempfänger in einem sehr großen Gebiet erreichen.

Satellitenschüsseln

Fernsehen und Computer

Einen modernen Fernseher kann man auch als Computerbildschirm benutzen. Hat man ein großes Gerät, wird das Lieblings-Computerspiel dann zu einem noch tolleren Erlebnis. Außerdem kann man mit dem Computer ja auch DVDs anschauen, was mit dem großen Bildschirm vom Fernseher natürlich noch schöner ist.

WIE KOMMT DAS BILD AUS DER FOTOKAMERA AUFS PAPIER?

Ohne Licht geht nichts

Fotografieren hat immer mit Licht zu tun, ganz egal, ob man mit einer altmodischen analogen Kamera und Film oder mit einer modernen Digitalkamera knipst.

Das Objektiv

Damit es in der Kamera ein Bild geben kann, muss erst einmal Licht hereinkommen können. Dazu dient das Objektiv. Es besteht aus mehreren Glasteilen, den sogenannten Linsen, die so geschliffen sind, dass innen auf der Rückseite des Kameragehäuses ein kleines, auf dem Kopf stehendes Abbild der Dinge vor der Kamera entsteht. Das ist bei allen Kameras gleich.

Digitalkamera mit verschiedenen Objektiven

Fotografieren mit Chemie

Bei den altmodischen analogen Kameras braucht man Chemie zum Fotografieren. In der Kamera steckt ein Film, der zunächst nur aussieht wie ein durchsichtiger Kunststoffstreifen.

Der Film ist mit einer durchsichtigen Masse beschichtet, die kleine Körnchen eines Stoffes enthält, der sich im Licht schwärzt. Man könnte nun den Verschluss der Kamera aufmachen und warten, bis auf dem Film ein schwarzes Bild entstanden ist. Das wäre dann ein Negativ, ein Bild, auf dem alles hell ist, was in der Natur dunkel ist und umgekehrt.

Das würde aber zu lange dauern und ist auch überhaupt nicht nötig. Es reicht nämlich, wenn so ein lichtempfindliches Körnchen ganz kurz einmal Licht bekommen hat. Es hat dann eine kleine schwarze Stelle, die man Entwicklungskeim nennt.

Fotofilm:
Na, erkennst
du was?

Film entwickeln

Wenn der Film vollgeknipst ist, wird er in eine Flüssigkeit gesteckt, die Entwickler heißt. Jetzt werden alle Körnchen, die einen Entwicklungskeim haben, komplett schwarz. Anschließend kommt der Film noch in eine andere Chemikalie, die Fixierer heißt. Sie macht die Körnchen kaputt, die noch nicht schwarz sind, damit sie nicht auch noch schwarz werden, wenn man sich den entwickelten Film bei Licht anschaut. Dann wäre ja das Bild nicht zu gebrauchen.

Auf dem Film ist alles dunkel, was in der Natur hell war, und umgekehrt. Deswegen wird jedes Negativ, von dem man ein Bild haben möchte, sozusagen noch einmal abfotografiert, und zwar auf ein Stück Fotopapier. Dabei kehrt sich alles noch einmal um und jetzt stimmen Hell und Dunkel wieder mit der Natur überein. Außerdem kann man das Fotopapier so groß wählen, wie man das Bild haben möchte.

Das farbige Fotografieren funktioniert ähnlich, dabei sind dann Körnchen im Spiel, die auf verschiedene Farben reagieren und am Schluss ein farbiges Bild ergeben.

Hier siehst du eine Dunkelkammer, in der ein Fotograf gerade Fotos entwickelt.

Fotografieren mit Elektronik

In einer Digitalkamera befindet sich ein sogenannter Sensor. Der funktioniert im Prinzip genauso wie das CCD-Element im Scanner: Er besteht aus lauter Halbleitern, die Strom fließen lassen, wenn Licht auf sie fällt. Wie beim Scanner gibt es auch hier unterschiedliche Halbleiter, die auf Rot, Grün oder Blau reagieren.

Im Unterschied zum CCD-Element im Scanner kann der Sensor in der Digitalkamera aber nicht nur eine einzige Zeile Pixel, sondern viele Zeilen aufnehmen, ein ganzes Bild auf einmal. Zum Knipsen wird nun, wie bei der analogen Kamera, der Verschluss ganz kurz geöffnet. In dieser Zeit werden die Werte für Rot, Grün und Blau blitzschnell gemessen und gespeichert. Und schon ist ein digitales Bild im Kasten!

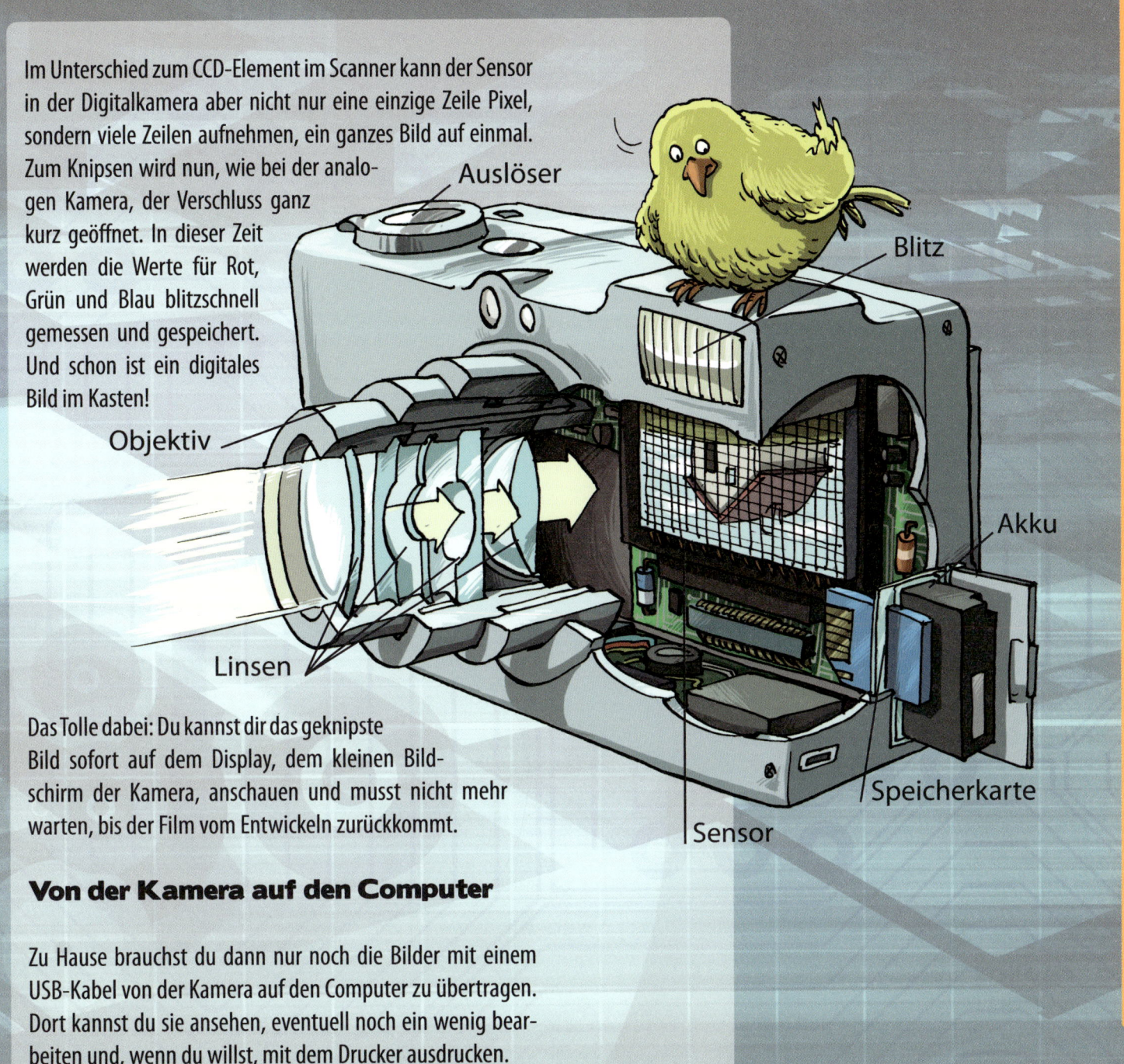

Auslöser

Blitz

Objektiv

Akku

Linsen

Speicherkarte

Sensor

Das Tolle dabei: Du kannst dir das geknipste Bild sofort auf dem Display, dem kleinen Bildschirm der Kamera, anschauen und musst nicht mehr warten, bis der Film vom Entwickeln zurückkommt.

Von der Kamera auf den Computer

Zu Hause brauchst du dann nur noch die Bilder mit einem USB-Kabel von der Kamera auf den Computer zu übertragen. Dort kannst du sie ansehen, eventuell noch ein wenig bearbeiten und, wenn du willst, mit dem Drucker ausdrucken.

Wofür ist das Objektiv da?

Wenn du den Versuch mit der Lochkamera auf der nächsten Seite machst, stellst du fest, dass das Bild sehr dunkel ist. Wenn man das Loch größer macht, wird das Bild zwar heller, aber auch unscharf. Das liegt daran, dass sich die Lichtstrahlen dann nicht mehr so schön in einem Punkt kreuzen. Die Linsen im Objektiv einer richtigen Kamera lenken die Lichtstrahlen so, dass Licht von einem Punkt des Objekts, wie zum Beispiel deiner Nasenspitze, in einem Punkt auf dem Sensor auftrifft und sich so ein scharfes Bild ergibt, obwohl das Loch groß genug für viel Licht ist.

EINE LOCHKAMERA BAUEN

Das brauchst du:

 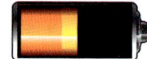

- ✓ 1 leere Dose Stapelchips
- ✓ 1 Stück Transparentpapier, etwas größer als die Öffnung der Dose
- ✓ Breites Klebeband
- ✓ 1 kleinen Nagel
- ✓ 1 großes dunkles Tuch
- ✓ Einen sonnigen Tag

So geht's:

1 Lege das Transparentpapier über die Öffnung der Dose. Du kannst es an den Ecken etwas einschneiden, damit es sich schön über den Rand der Schachtel falten lässt.

2 Befestige das Transparentpapier mit dem Klebeband, achte dabei darauf, dass alles schön glatt gespannt ist.

3 Pieke nun mit dem kleinen Nagel ein ganz kleines Loch in den Boden der Dose, und zwar genau in die Mitte.

4 Such dir einen Platz, bei dem du aus dem Schatten (am besten aus einem dunklen Hauseingang oder etwas Ähnlichem) auf eine sonnige Fläche schauen kannst.

5 Zieh dir das Tuch über den Kopf und halte deine Kamera so, dass die Seite mit dem Transparentpapier zu dir zeigt und die Vorderseite mit dem Loch unter dem Tuch hervorschaut. Zieh das Tuch möglichst gut um deinen Kopf und deine Lochkamera zusammen. Je dunkler es um dich herum ist, umso besser.

6 Jetzt kannst du auf deiner Mattscheibe, dem Transparentpapier, ein Bild von der Gegend sehen, auf die du deine Kamera gerichtet hast. Dieses Bild steht auf dem Kopf und ist seitenverkehrt.

Was ist passiert?

Die Lichtstrahlen von den Gegenständen, die du mit deiner Lochkamera anschaust, kreuzen sich in dem Loch und fallen dann auf deine Mattscheibe. Je kleiner das Loch ist, umso schärfer ist dein Bild, aber leider auch umso dunkler.

WIE KOMMT DIE MUSIK DURCH DIE LUFT BIS ZUM RADIO?

Mit dem Radio bekommen wir Musik und Informationen so gut wie an jeden beliebigen Ort. Dahinter stecken Funkwellen, ganz ähnlich wie beim Handy.

Im Funkhaus

Das Radioprogramm wird im Funkhaus gemacht. Der Ansager spricht in ein Mikrofon, das du ja schon vom Telefon her kennst. Die Musik kommt von Tonbändern oder von CDs. Auch sie kommt in Form von Stromstößen, wie die Sprache des Ansagers vom Mikrofon. Das Funkhaus liefert also die vielen Töne, aus denen das Radioprogramm besteht, in Form von Stromstößen.

Wie beim Telefon werden nun die in Stromstöße verwandelten Töne über Kabel weitergeleitet. Diese Kabel führen zu den Radiosendern, die sich an möglichst hohen Plätzen befinden. Zum Beispiel auf Bergen oder auf Türmen. Oft sind dort nicht nur Radio-, sondern auch Fernsehsender untergebracht.

Interview in einem Radiosender

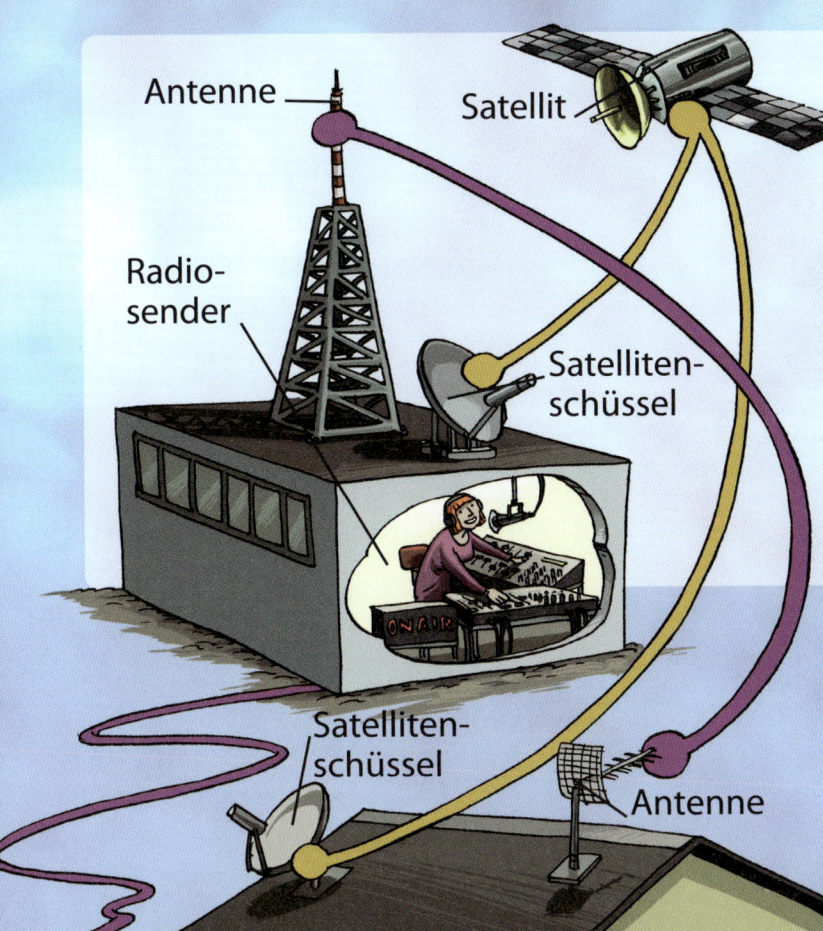

Antenne

Satellit

Radio-
sender

Satelliten-
schüssel

Satelliten-
schüssel

Antenne

Bei mir zu Hause

Der Radiosender

Der Radiosender macht aus den elektrischen Signalen, die er bekommt, Funkwellen. Diese strahlt er aus. Funkwellen sind im Grunde Schwingungen, die sich im Raum bewegen, und können wie Töne schneller oder langsamer schwingen. Die Geschwindigkeit, mit der etwas schwingt, bezeichnet man als Frequenz. Auch eine Tonhöhe kann man übrigens als Frequenz bezeichnen.

Die gewünschte Frequenz kannst du meist an einen kleinem Rädchen an deinem Radio einstellen.

88 90 92 94 96

550 600 700

Der Radioempfänger

Jedes Radioprogramm wird nur auf einer ganz bestimmten Frequenz gesendet. Einen Radioempfänger kann man auf verschiedene Frequenzen einstellen.

Der eingestellte Empfänger nimmt nur die Funkwellen auf, die mit der eingestellten Frequenz kommen. Da es viele verschiedene Frequenzen gibt, können auch viele Radioprogramme gleichzeitig gesendet werden, ohne sich gegenseitig zu stören.

Im Radioempfänger werden nun aus den Funkwellen zunächst einmal ganz schwache Stromstöße. Deren Stärke würde gerade einmal ausreichen, um ein kleines bisschen über einen Kopfhörer zu hören.

Der Verstärker

Damit wir unser Radioprogramm auch richtig schön laut hören können, ist im Radio ein Verstärker eingebaut. Der verstärkt das schwache elektrische Signal vom eigentlichen Empfänger, sodass man damit einen Lautsprecher antreiben und ordentlich etwas hören kann.

Verstärker

Das steckt dahinter:

Der Transistor

Das Wichtigste in einem Verstärker sind die Transistoren. In einem Transistor steckt ein Halbleiter. Dieser Halbleiter reagiert aber nicht auf Licht, sondern auf schwache elektrische Ströme.

An einem Transistor gibt es drei Anschlüsse. Der eine ist an eine Stromquelle angeschlossen, der zweite führt zum Ausgang des Verstärkers, also zum Lautsprecher. Die elektrischen Männchen von der Stromquelle würden eigentlich gern dorthin laufen. Weil es aber ein Halbleiter ist, trauen sie sich nicht so recht. Nun hat aber der Transistor einen dritten Anschluss. Der ist mit dem Eingang des Verstärkers verbunden, beim Radio also mit dem Empfänger.

Hier kommen nun die wenigen elektrischen Männchen vom Empfänger an. Komischerweise trauen die sich nun, durch den Halbleiter zum Ausgang zu laufen. Und noch komischer: Immer wenn ein paar elektrische Männchen vom Eingang durch den Transistor huschen, trauen sich auf einmal eine ganze Menge elektrischer Männchen vom Anschluss mit der Stromquelle, ebenfalls zum Ausgang zu laufen.

Das bedeutet also, dass man mithilfe eines Transistors mit einem kleinen elektrischen Stromstoß einen viel größeren auslösen kann. Er verstärkt also die schwachen Stromstöße, die vom Empfänger kommen, so, dass sie stark genug sind, den Lautsprecher anzutreiben.

WIE ENTSTEHT DER TON BEI TROMPETE & CO.?

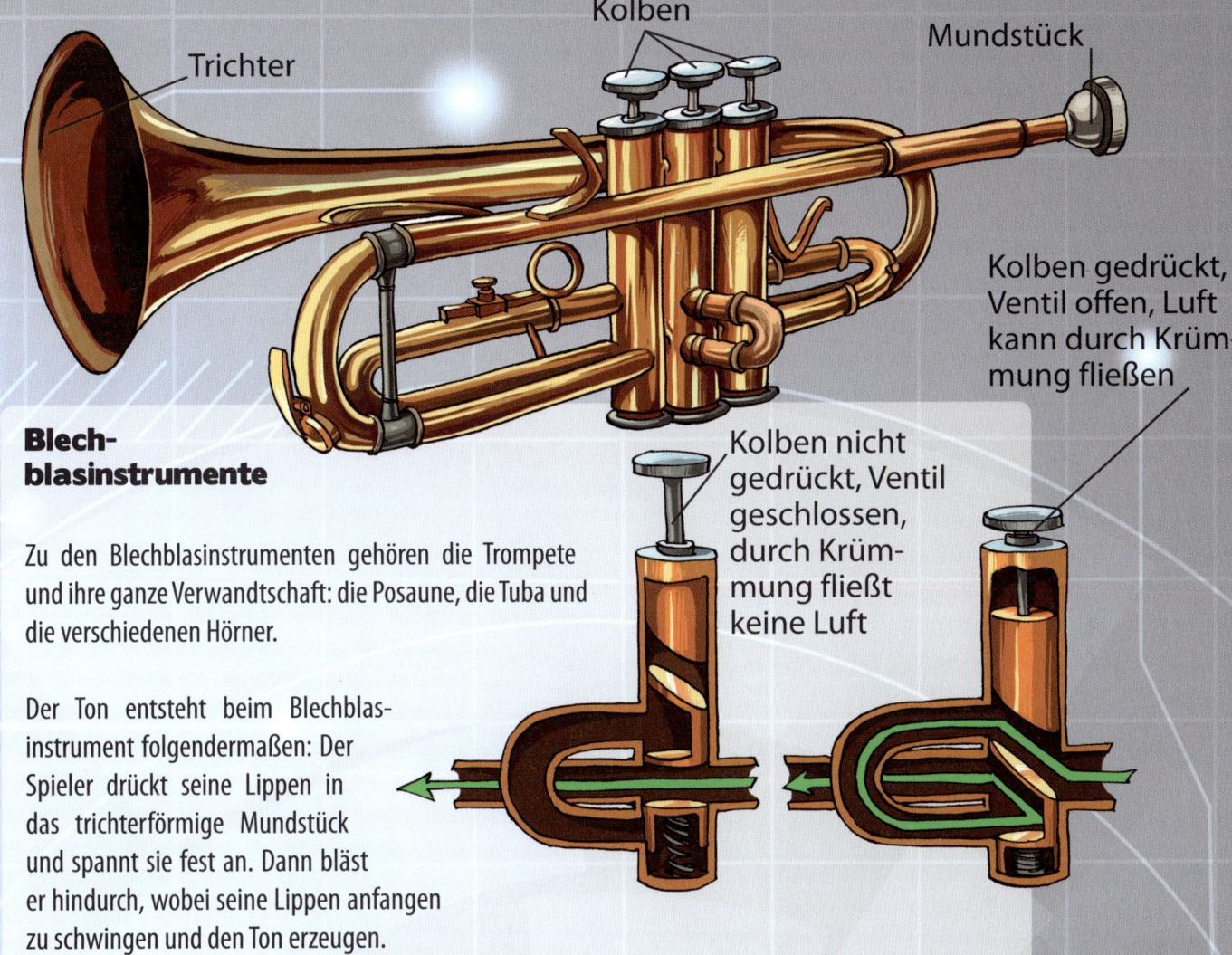

Trichter

Kolben

Mundstück

Kolben gedrückt, Ventil offen, Luft kann durch Krümmung fließen

Kolben nicht gedrückt, Ventil geschlossen, durch Krümmung fließt keine Luft

Blechblasinstrumente

Zu den Blechblasinstrumenten gehören die Trompete und ihre ganze Verwandtschaft: die Posaune, die Tuba und die verschiedenen Hörner.

Der Ton entsteht beim Blechblasinstrument folgendermaßen: Der Spieler drückt seine Lippen in das trichterförmige Mundstück und spannt sie fest an. Dann bläst er hindurch, wobei seine Lippen anfangen zu schwingen und den Ton erzeugen.

Mit der Spannung der Lippen kann man die Tonhöhe beeinflussen. Allerdings kann man so nur fünf verschiedene Töne spielen, die sogenannten Naturtöne. Für die anderen Töne muss die Länge der Luftsäule im Instrument verändert werden. Dazu dienen die Ventile. Das sind die kurzen Rohre mit den Druckknöpfen oben drauf bei Trompete und Hörnern. Und bei der Zugposaune das verschiebbare, u-förmige Rohr, der sogenannte Zug.

Was ist passiert?

Eine schwingende Luftsäule

Entscheidend für die Tonhöhe ist die Länge der Luftsäule im Instrument. Bei der Trompete wird sie durch die Ventile verändert. Je nachdem welche Ventile gedrückt sind, geht die Luft in der Trompete und den Hörnern mit Ventilen durch kürzere und längere Rohrstücke.

Holzblasinstrumente

Holzblasinstrumente verwenden sogenannte Rohrblätter, um den Ton zu erzeugen. Das sind wenige Millimeter dicke, biegsame Blättchen. Früher hat man sie aus Rohr, das ist eine Art Schilf, gemacht. Heute sind sie oft auch aus Kunststoff.

Die Klarinette hat nur ein einfaches Rohrblatt. Der Klarinettist bläst dagegen, sodass es in Schwingung versetzt wird und einen Ton erzeugt. Die Luftsäule in der Klarinette bestimmt die Tonhöhe. Dadurch, dass der Klarinettenspieler die Klappen auf dem Instrument auf- und zumacht, kann er diese Luftsäule und damit die Tonhöhe verändern.

Die Schalmei besitzt ein doppeltes Rohrblatt. Der Ton entsteht, wenn der Musiker dazwischenbläst. Von der Schalmei, die du heute vor allem bei Mittelalter-Bands sehen kannst, stammen die klassischen Instrumente Oboe und Fagott ab. Auch die Pfeifen am Dudelsack sind Schalmeien.

Ein Holzblasinstrument aus Blech

Das Saxofon wird zwar aus Blech gemacht, zählt komischerweise jedoch zu den Holzblasinstrumenten. Das liegt daran, dass für die Einteilung nicht das Material entscheidend ist, sondern die Art, wie der Ton erzeugt wird. Und das ist beim Saxofon ein einfaches Rohrblatt, denn das Saxofon ist im Grunde nichts anderes als eine Klarinette aus Blech.

SO FUNKTIONIERT EINE TROMPETE

Das brauchst du:

- ✓ 1 große Gießkanne
- ✓ 1 Blatt Papier

So geht's:

1 Falls die Brause noch auf der Gießkanne ist, nimmst du sie ab.

2 Nimm die Gießkanne so, dass die Tülle zu deinem Mund zeigt.

3 Drücke deine Lippen mit ganz leicht gespitztem Mund zusammen, aber beiße nicht von innen darauf.

4 Setze die Tülle der Gießkanne an deine Lippen.

5 Blase durch die gespannten Lippen in die Tülle, und zwar so, dass die Luft genau in der Mitte deines Mundes herauskommt.

6 Wenn du alles richtig gemacht hast, hört es sich ungefähr so an, wie wenn ein Elefant trompetet. Es kann sein, dass du eine ganze Weile probieren musst. Wenn du auf Anhieb einen Ton herausbringst, solltest du dir überlegen, ob du nicht Trompete spielen lernen willst.

Was ist passiert?

Mit deinen Lippen erzeugst du Schwingungen, die sich durch die Luft als Schall fortpflanzen. Da du mit deinen einfachen Mitteln die Tonerzeuger der Trompete nur ungefähr nachbilden kannst, klingt es natürlich nicht so gut wie bei einer richtigen Trompete.

KÖNNEN DIE DRÄHTE VON SAITENINSTRUMENTEN SINGEN?

Ton durch Schwingungen

Im Kapitel über das Telefon hast du erfahren, dass Schall nichts anderes ist als schwingende Luft. Alle Dinge, die Geräusche machen, versetzen die Luft in Schwingungen. Also tun das auch Musikinstrumente.

Eine Möglichkeit, einen Ton zu erzeugen, sind Saiten. Eine Saite ist eine Schnur oder ein Draht, den man kräftig gespannt hat. Zupft man daran, schwingt der Draht und erzeugt damit einen Ton.

Zupfinstrumente

Auf diese Weise funktionieren viele Musikinstrumente: Bei Gitarre, Mandoline, Banjo und Laute zupft man die Saite an. Der Korpus, das ist der große, hohle Teil des Zupfinstruments, schwingt dabei mit. Weil er größer ist als die Saite, kann er beim Schwingen mehr Luft anschubsen und der Ton wird schön laut.

Hohe und tiefe Töne

Das Ding, über das die Saiten am vorderen Ende des Korpus laufen, ist der Steg. Er leitet die Töne der Saiten in den Korpus. Das lange Ding, das am Korpus festgemacht ist, ist der Hals. Auf ihm ist das Griffbrett befestigt. Auf das Griffbrett drückt man die Saiten. Je nachdem, wo man eine Saite auf das Griffbrett drückt, ist der schwingende Teil kürzer oder länger, der Ton höher oder tiefer.

Oben am Hals sitzt das Kopfbrett mit den Wirbeln. Das sind sozusagen kleine Winden, mit denen man die Saiten spannen kann. Je stärker die Saite gespannt ist, umso höher ist der Ton. So kann man die richtige Tonhöhe für jede Saite einstellen, also das Instrument stimmen.

Hier kannst du die Wirbel am Kopfbrett einer Geige gut erkennen.

Streichinstrumente

Bei den Streichinstrumenten – Violine, Bratsche, Cello und Kontrabass – zupft man die Saiten nicht, sondern streicht sie mit einem Bogen. Auch so kann man die Saiten in Schwingungen versetzen.

Bei Zupfinstrumenten besitzt der Hals normalerweise metallene Querstege, die sogenannten Bünde. Damit ist es leichter, den richtigen Ton zu treffen: Man muss die Saite nur hinter dem Bund aufs Griffbrett drücken, dann stimmt die Länge und damit auch die Tonhöhe genau.

Streichinstrumente haben keine Bünde. Hier muss man die Saite genau an der richtigen Stelle aufs Griffbrett drücken, sonst stimmt die Tonhöhe nicht.

Klavier und Harfe

Bei der Harfe gibt es für jeden Ton eine oder sogar mehrere eigene Saiten, die von sich aus schon genau die richtige Länge haben. Bei der Harfe zupft man sie mit den Fingern. Bei einem Klavier gibt es dafür die Tastenmechanik: Wenn man eine Taste drückt, springt ein Hämmerchen gegen die zugehörigen Saiten und schlägt sie an.

Elektrische Musikinstrumente

Wenn die Saiten eines Musikinstrumentes aus Stahl sind, kann man seinen Ton elektrisch verstärken. Dazu braucht man einen sogenannten Tonabnehmer. Das ist ein Magnet, um den man Draht gewickelt hat, ganz ähnlich wie in einem Transformator. Weil zwischen dem Magneten und der stählernen Saite Anziehungskraft besteht, schwingt der Magnet mit, wenn die Saite schwingt. Dadurch schwingt aber auch sein Magnetfeld und erzeugt, wie das schwingende Magnetfeld eines Transformators, Strom in dem aufgewickelten Draht. Den muss man nur noch elektrisch verstärken und ihn dann mit einem Lautsprecher hörbar machen.

Der Verstärker für ein elektrisches Musikinstrument funktioniert genauso wie der Verstärker im Radio. Er ist nur viel stärker und kann daher ordentlich Krach machen.

Die häufigsten elektrischen Musikinstrumente sind elektrische Gitarren und elektrische Bässe. Es gibt aber auch elektrische Mandolinen, elektrische Geigen und sogar elektrische Klaviere.

Stimmwirbel

Griffbrett

Bundstäbchen

Saite

Gitarrenkörper

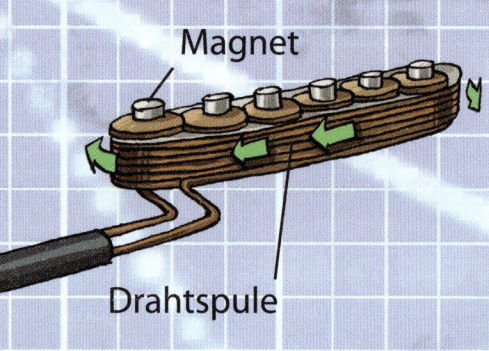

Magnet

Drahtspule

Mikrofon

Steg

Lautstärke- und Tonsteuerungsknöpfe

Vibrator (verändert Tonhöhe)

hier wird der Verstärker angeschlossen

Die PA – eine große Stereoanlage

Der Verstärker einer elektrischen Gitarre ist höchstens so laut, dass er einen kleinen Konzertsaal füllen kann und ungefähr so laut wie das Schlagzeug. Spielt die Band aber in einer großen Halle oder gar im Freien, verwendet sie eine PA. PA steht für das englische Wort „Power Amplifier", das etwa so etwas wie „richtig starker Verstärker" bedeutet. Eine PA ist im Prinzip das Gleiche wie eine riesengroße Stereoanlage. Vor die Verstärker von Gitarre und Bass und vor das Schlagzeug stellt man Mikrofone. Auch der Sänger bekommt ein Mikrofon. Die elektrischen Signale von den Mikrofonen leitet man in die PA und von dort in die großen Lautsprecher links und rechts von der Bühne.

FAST SCHON EINE GITARRE

Das brauchst du:

 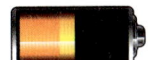

- ✓ 1 Zigarrenkiste oder eine ähnlich große Schachtel mit Deckel
- ✓ 1 Gummiring, der so lang ist, dass man ihn gerade noch der Länge nach über die Schachtel ziehen kann
- ✓ 1 Hölzchen, ungefähr 8 Zentimeter lang

So geht's:

1 Spanne das Gummiband der Länge nach über die Schachtel oder Zigarrenkiste.

2 Klemme das Hölzchen an einem Ende der Schachtel unter das Gummiband.

3 Wenn du nun an der Saite zupfst, erklingt ein Ton.

4 Wenn du die Saite kürzer machst, indem du mit dem Finger darauf drückst, wird der Ton höher. Auf diese Weise kannst du verschiedene Töne spielen.

5 Bis jetzt ging alles schnell, aber nun musst du ein wenig üben: Versuche, eine einfache Melodie, zum Beispiel „Alle meine Entchen", zu spielen.

Was ist passiert?

Wenn du die Saite anzupfst, schwingt sie. Das Hölzchen sorgt nicht nur dafür, dass die Saite frei schwingen kann, sondern überträgt den Ton auch auf den Schachteldeckel. Dadurch kann die ganze Schachtel mitschwingen und den Ton verstärken.

WARUM DREHEN SICH DIE ROLLEN BEI SKATEBOARD UND INLINESKATES SO LEICHT?

Die Inlineskates

Die ersten Rollschuhe, die ein belgischer Musiker und Geigenbauer 1760 erfand, waren Inlineskates. Das Ziel dabei war, Schlittschuhe für den Sommer zu bauen. Die Rollschuhe mit zwei Achsen und vier Rädern, die uns heute altmodisch vorkommen, wurden erst viel später erfunden.

Das Kugellager

Wichtig bei Inlineskates ist, dass sie leicht laufen. Dafür sorgen die Kugellager in den Rollen. Zwischen der Nabe der Rolle und der Achse sitzt das Kugellager. Es besteht aus einem Außen- und einem Innenring, zwischen denen die Kugeln sitzen.

Das Skateboard

Auch das Skateboard hat kugelgelagerte Rollen, damit es schön leicht läuft. Gelenkt wird das Skateboard durch Gewichtsverlagerung. Die Achsen mit den Rollen sind gelenkig gelagert und drehen sich, wenn du das Gewicht nach einer Seite verlagerst, sodass du eine Kurve fährst.

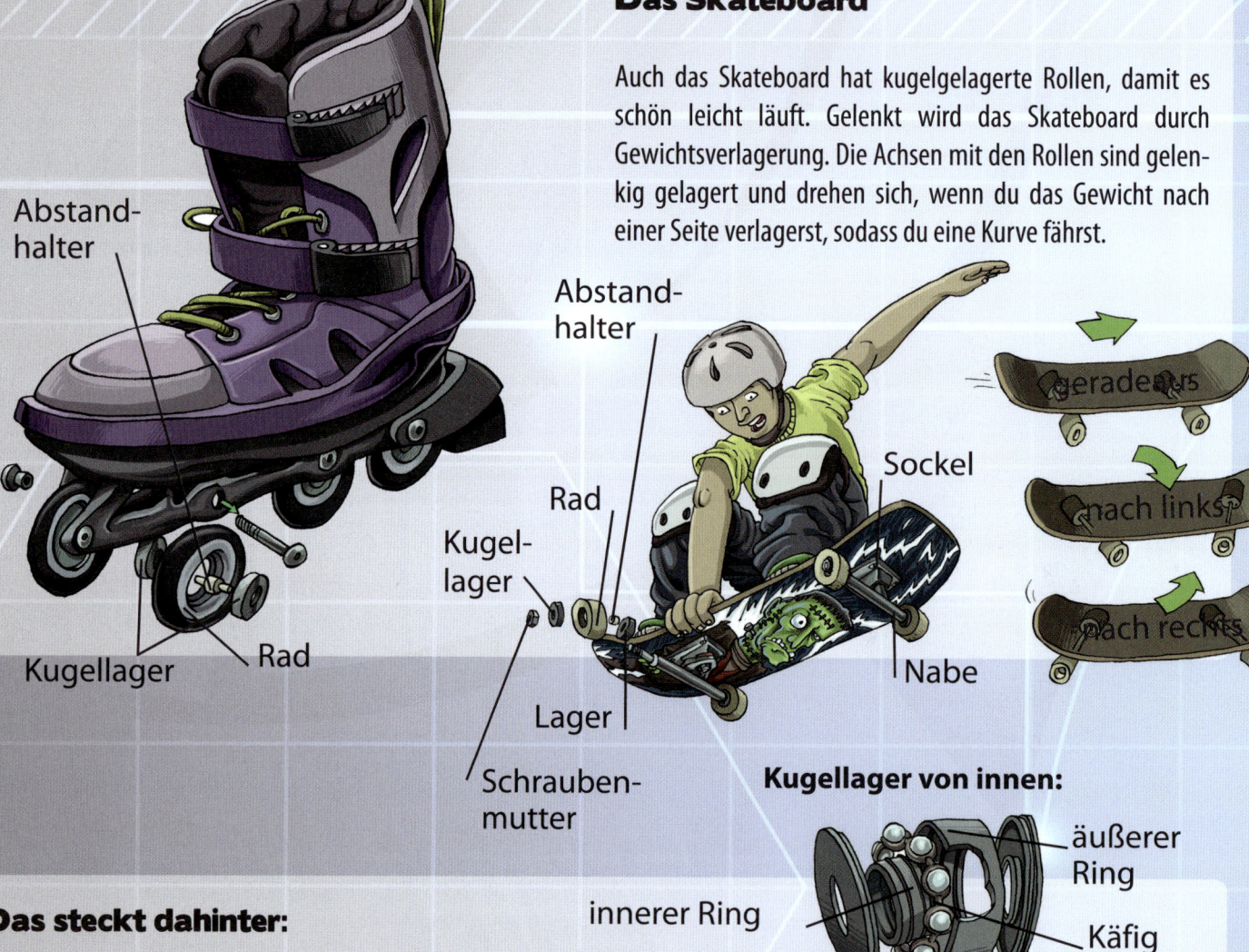

Abstandhalter

Kugellager

Rad

Abstandhalter

Rad

Kugellager

Lager

Schraubenmutter

Sockel

Nabe

geradeaus

nach links

nach rechts

Kugellager von innen:

innerer Ring

äußerer Ring

Käfig

Kugel

Das steckt dahinter:

Rollen statt rutschen

Es ist viel leichter, etwas zu rollen, als es rutschend zu bewegen. Schon in alten Zeiten legten die Menschen runde Hölzer unter schwere Gegenstände, die sie bewegen wollten. Dabei musste man immer das letzte Holz hinten wegnehmen und vorn wieder hinlegen. Beim Kugellager braucht man das nicht zu tun, weil es rund ist und daher die Kugeln immerzu im Kreis herumrollen.

BAU DIR EIN EIGENES KUGELLAGER

Das brauchst du:

- ✓ 1 Handvoll gleichgroße Kugeln, zum Beispiel Murmeln
- ✓ 2 gleiche Untertassen

So geht's:

1 Staple die beiden Untertassen übereinander.

2 Versuche, die obere in der unteren Untertasse zu drehen. Das geht verhältnismäßig schwer und wenn du ein bisschen drauf drückst, überhaupt nicht mehr.

3 Nimm nun die obere Untertasse weg.

4 Lege einen Kreis aus den Kugeln in die untere Untertasse.

5 Setze die obere Untertasse auf die Kugeln.

6 Jetzt lässt sich die obere Untertasse ganz leicht drehen.

Was ist passiert?

Wie immer, wenn zwei Körper aufeinander liegen, herrscht zwischen den Untertassen Reibung. Daher lassen sich die Untertassen schlecht gegeneinander verdrehen. Wenn jedoch die Kugeln dazwischen liegen, gibt es nur noch den Rollwiderstand der Kugeln. Und der ist sehr viel geringer als die Reibung.

FAHRZEUGE

Mit dem Auto und der Bahn reist es sich viel bequemer und schneller als früher mit der Postkutsche. Mit dem Flugzeug erreicht man entlegene Ecken der Welt viel, viel leichter als früher mit dem Segelschiff. Manche Fahrzeuge hat man mehr zum Spaß und weniger zum Verreisen: zum Beispiel ein Motorboot oder einen Heißluftballon.

Wie aber funktionieren all diese Dinge? Warum fliegt ein Heißluftballon und warum bleibt ein Zug auf seinen Schienen?

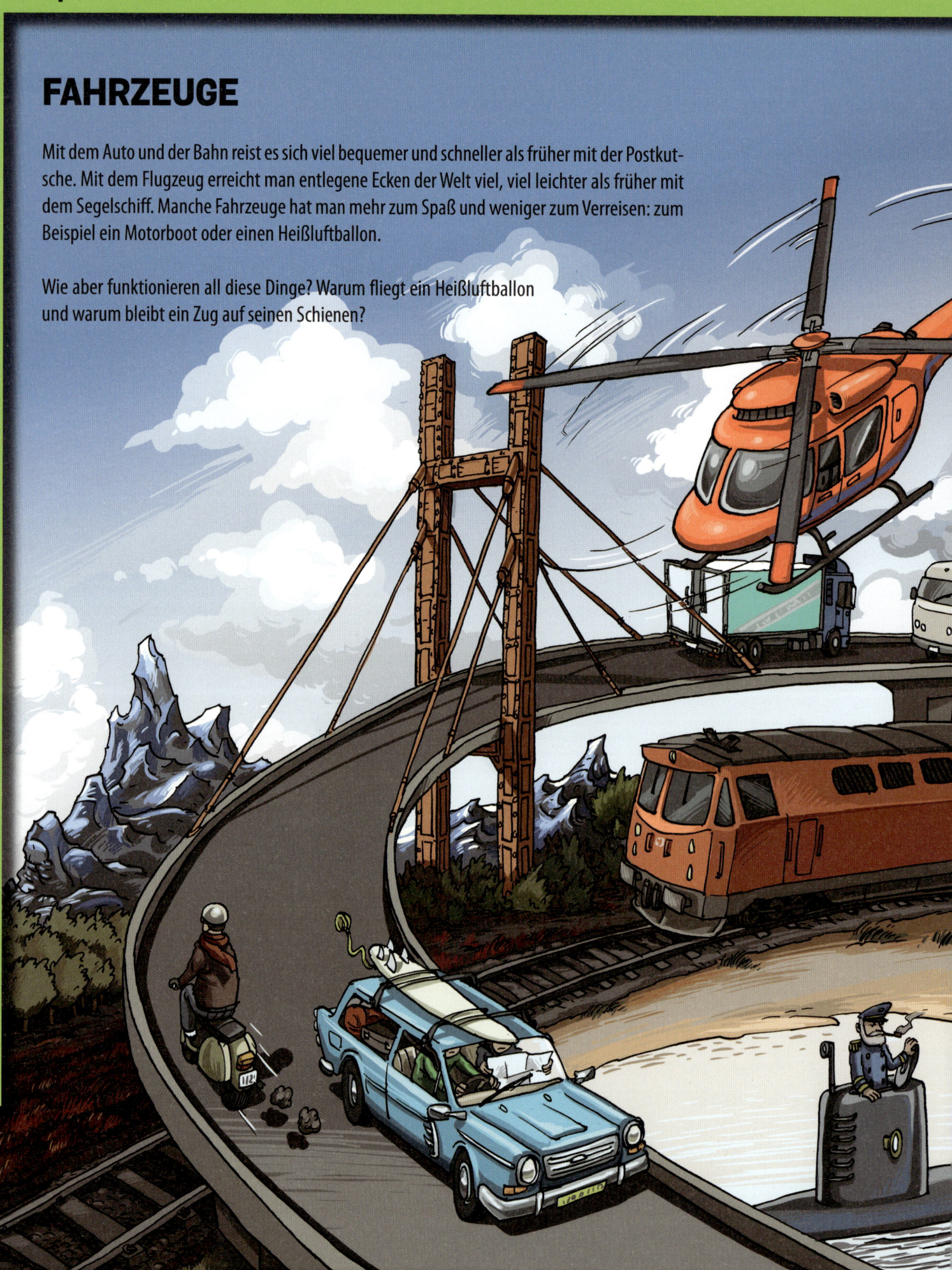

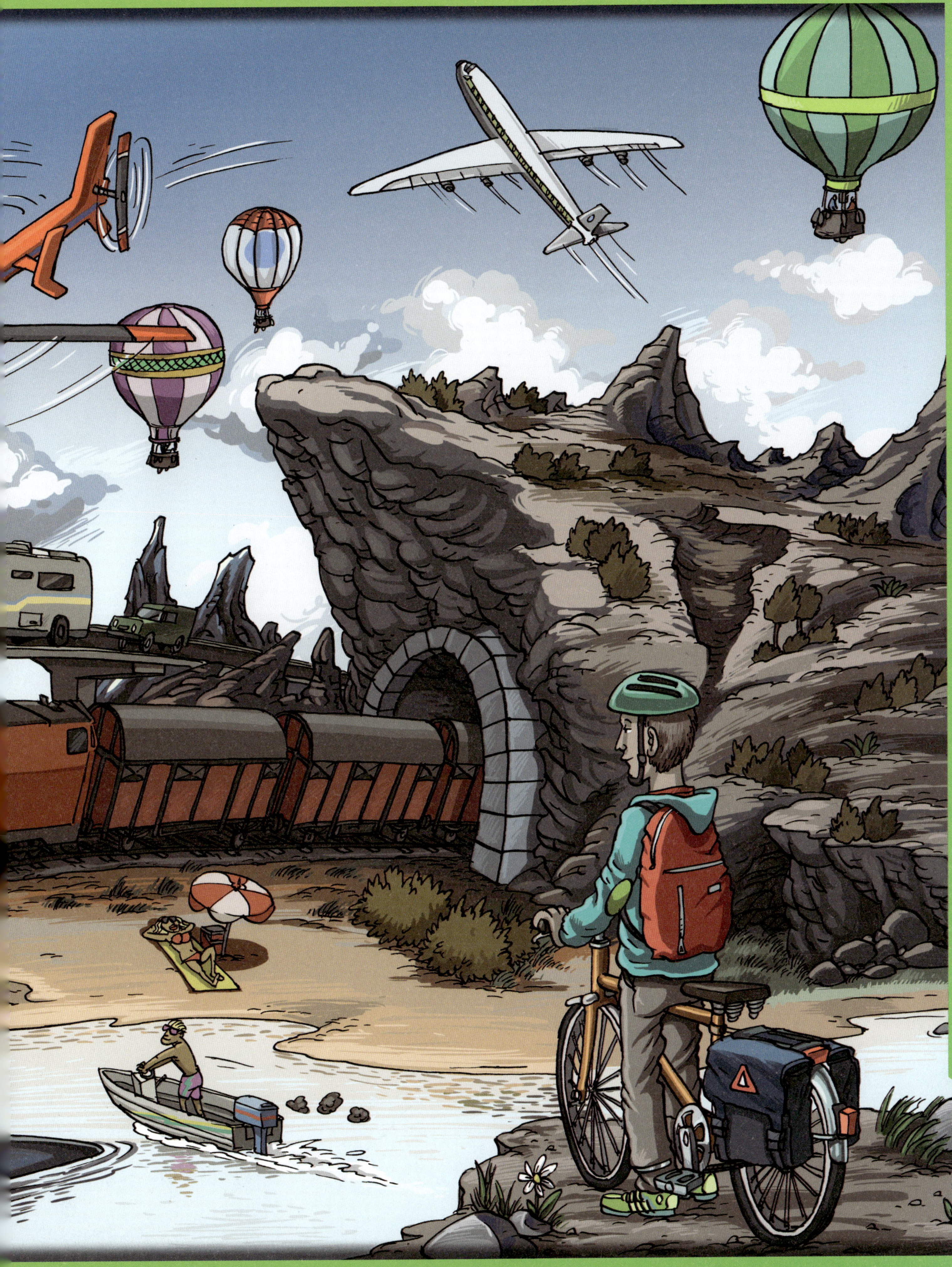

FÄHRT DAS AUTO VON GANZ ALLEIN?

Der Motor

Angetrieben wird das Auto vom Motor. Der erzeugt aus dem Kraftstoff eine Drehbewegung. Der Kolben ist über das Pleuel mit der Kurbelwelle verbunden. Wenn die Kurbelwelle sich dreht, gehen die Kolben rauf und runter. Drückt man umgekehrt auf den Kolben, dreht man damit die Kurbelwelle.

Zuerst geht der Kolben im Zylinder nach unten. Das Einlassventil steht offen und der Motor saugt über den Luftfilter und das Ansaugrohr Luft an. Dabei wird Benzin in das Ansaugrohr gespritzt, damit sich der Zylinder mit einer Mischung aus Luft und zerstäubtem Kraftstoff füllt. Das nennt man den Ansaugtakt.

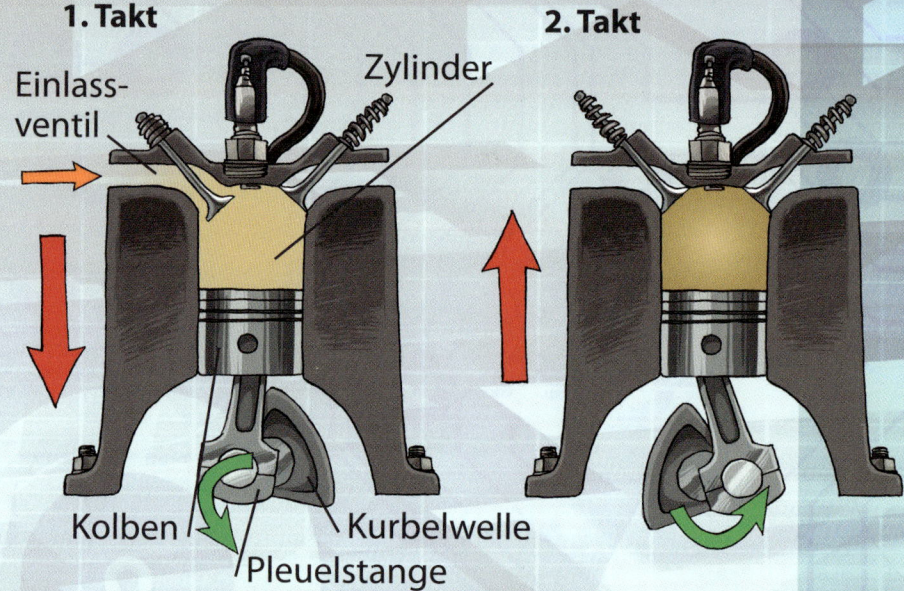

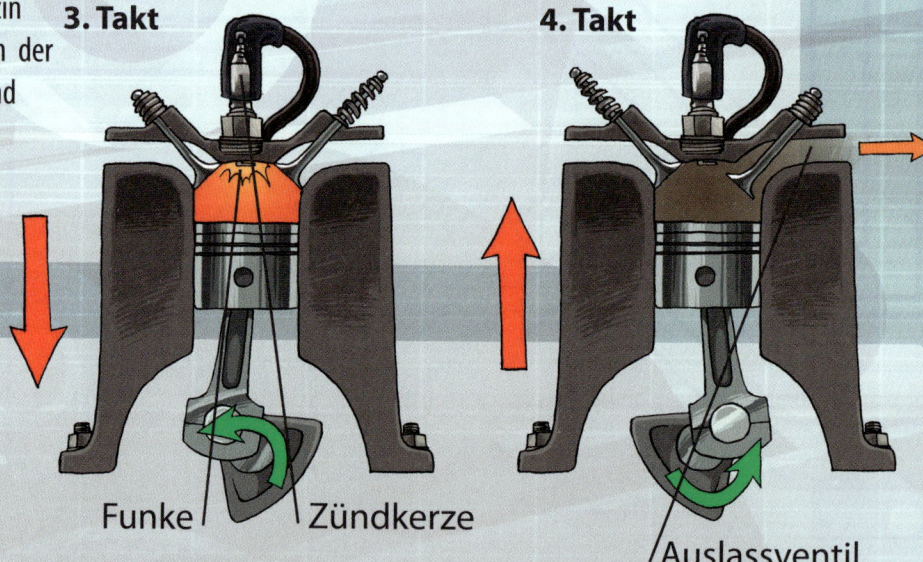

Als Nächstes kommt der Verdichtungstakt. Das Einlassventil ist jetzt zu. Der Kolben geht nach oben und drückt das Gemisch aus Luft und zerstäubtem Kraftstoff kräftig zusammen. Bei modernen Motoren wird jetzt erst mit hohem Druck das Benzin eingespritzt. Wenn der Kolben ganz oben ist, springt an der Zündkerze ein Zündfunke über und zündet das Kraftstoff-Luftgemisch an. Beim Verbrennen wird es natürlich mächtig heiß, weshalb die Verbrennungsgase sich ausdehnen. Dabei drückt es den Kolben nach unten und dreht damit die Kurbelwelle. Jetzt leistet der Motor Arbeit und deswegen heißt dieser Takt Arbeitstakt.

Wenn der Kolben wieder unten ist, geht das Auslassventil auf. Aus dem Kraftstoff-Luftgemisch ist jetzt Auspuffgas geworden. Wenn der Kolben jetzt wieder nach oben geht, drückt er das Auspuffgas durch das Auslassventil in den Auspuff. Das ist der Auspufftakt.

Viertakt-Ottomotor

Das sind insgesamt vier Takte. Und weil diese Art von Motor ein gewisser Nikolaus Otto (1832–1891) erfunden hat, heißt er „Viertakt-Ottomotor". Manche sagen auch einfach „Benzin-motor" dazu, weil er mit Benzin läuft. „Super" ist eine beson-dere Sorte Benzin, die von modernen Motoren benötigt wird. Deswegen wirst du an Tankstellen kaum noch Benzin finden.

Nikolaus Otto, Erfinder des Viertakt-Ottomotors

Kurbelwelle und Zylinder

Wie du gesehen hast, muss die Kurbelwelle bei drei der vier Takten den Kolben bewegen und nur bei einem Takt dreht der Kolben die Kurbelwelle. Deswegen braucht ein Motor entweder ein großes Schwungrad oder mehrere Zylinder, die abwechselnd ihren Arbeitstakt haben. Autos haben meistens vier Zylinder, teurere sechs und Luxus-limousinen und Sportwagen oft sogar acht, manchmal gar zwölf und ganz selten sechzehn.

Rudolf Diesel, Erfinder des Dieselmotors

Der Dieselmotor

Neben Autos mit Ottomotor gibt es auch welche mit Dieselmotor. Dieser arbeitet fast genauso wie ein Ottomotor. Es wird hier aber beim Ansaugen kein Kraftstoff eingespritzt, sondern nur Luft angesaugt. Der Kraftstoff wird direkt in den Zylinder gespritzt, und zwar am Ende des Verdichtungstaktes, wenn beim Ottomotor die Zündkerze den Zündfunken erzeugt. Außerdem wird die Luft beim Verdichten stärker zusammengedrückt als beim Ottomotor. Da sie durch das starke Zusammendrücken – du erinnerst dich an den Kompressor im Kühlschrank? – sehr heiß wird, entzündet sich der Kraftstoff beim Einspritzen von selbst.

Als Kraftstoff wird hier auch kein Benzin verwendet, sondern Dieselöl. Den Namen hat der Dieselmotor von seinem Erfinder Rudolf Diesel (1858–1913).

Der Anlasser

Um den Motor zu starten, muss er erst einmal gedreht werden, damit mindestens ein Zylinder ansaugt und verdichtet. Das erfordert eine große Kraft. Erst dann kann dieser Zylinder Arbeit verrichten – der nächste Zylinder wird verdichtet und gezündet – und so weiter: Der Motor springt an. Das Drehen beim Starten besorgt ein kleiner Elektromotor, der Anlasser. Dieser wird eingeschaltet, wenn deine Eltern den Zündschlüssel einstecken und drehen.

Der Anlasser wird mit dem Zündschlüssel gestartet.

Lichtmaschine und Batterie

Der Anlasser bekommt seinen Strom beim Starten von der Batterie. Die Batterie im Auto ist ein Akku, also eine Batterie, die sich wieder aufladen lässt, wenn sie leer ist. Den Strom dafür liefert die Lichtmaschine. Das ist ein Generator, der vom Motor gedreht wird. Wenn der Motor läuft, wird Strom erzeugt. Den braucht man ja außerdem auch noch für die Zündfunken, die Beleuchtung und eine ganze Menge anderer elektrischer Sachen auch, die es in einem Auto gibt.

KFZ-Mechaniker setzt Autobatterie ein.

Gangschaltungshebel

Gabel

Zahnräder

2. Gang

4. Gang

Rückwärtsgang

Räder

Motor

1. Gang

3. Gang

5. Gang

Das Getriebe

Der Motor treibt zunächst einen Kasten voller Zahnräder an, das ist das Getriebe. In der Abbildung siehst du ein großes und ein kleines Zahnrad. Wenn man das kleine Zahnrad dreht, dreht sich das große auch, aber langsamer. Dafür hat es mehr Kraft. Das nennt man eine Übersetzung. Das große Zahnrad dreht sich immer um so viel Mal langsamer als das kleine, wie es mehr Zähne hat. Und um so viel Mal ist die Kraft auch größer, mit der es sich dreht.

Im Getriebe sitzen meist fünf oder sechs solcher Zahnradpaare, das sind die Gänge des Getriebes. Sie haben alle unterschiedliche Zahlen von Zähnen, ergeben also unterschiedliche Übersetzungen. Das braucht man aus folgendem Grund: Der Motor kann nur ordentlich Kraft abgeben, wenn er sich ziemlich schnell dreht. Damit das bei verschiedenen Geschwindigkeiten möglichst gut funktioniert, gibt es die verschiedenen Gänge mit ihren verschiedenen Übersetzungen.

Gänge und Schalthebel

Zu jedem Gang gibt es im Getriebe zwei Zahnräder mit einer bestimmten Übersetzung. Wenn ein Gang eingelegt ist, treibt der Motor die Räder über dessen zwei Zahnräder an – also schneller oder langsamer, je nachdem, welchen Gang man eingelegt hat. Vor allem, wenn es den Berg hinauf geht, muss der Motor viel Kraft liefern und sich schnell drehen. Ist dann ein kleiner Gang eingelegt, kann er das, obwohl das Auto verhältnismäßig langsam fährt.

Den richtigen Gang legt man mit dem Schalthebel ein, das ist der Hebel vorn zwischen Fahrer und Beifahrer. Außer den Gängen zum Vorwärtsfahren gibt es noch einen Rückwärtsgang und einen Leerlauf, bei dem keines der Zahnradpaare im Getriebe Kraft überträgt. Dann steht das Auto, auch wenn der Motor läuft.

Kupplungs-scheiben

Die Kupplung

Wenn man mit dem Auto losfahren will, muss der Motor natürlich laufen. Um anzufahren, braucht man den ersten Gang. Würde man den einfach so einlegen, würde es furchtbar krachen und das Auto stehen bleiben.

Deswegen gibt es die Kupplung. Sie sitzt zwischen Motor und Getriebe und besteht aus Scheiben, die von Federn zusammengedrückt werden. Solange die Scheiben zusammengedrückt werden, wird Kraft von der Kurbelwelle aufs Getriebe übertragen.

Tritt man das Kupplungspedal, werden die Scheiben der Kupplung auseinandergedrückt und es wird keine Kraft mehr übertragen. Jetzt kann man den Gang einlegen. Und nun kommt der Clou: Wenn man das Kupplungspedal schön langsam loslässt, wird die Verbindung zwischen Motor und Getriebe nicht schlagartig, sondern ganz langsam hergestellt. Man muss nur noch ein bisschen aufs Gaspedal treten und das Auto fährt schön sanft an.

Auch wenn man in einen anderen Gang schaltet, muss man das Kupplungspedal treten. Denn auch zum Wechseln der Gänge muss der Motor vom Getriebe getrennt werden, weil es sonst wieder kracht.

Kardanwelle

Vom Getriebe wird die Antriebskraft mit der Kardanwelle zur Hinterachse übertragen. Die beiden Kardangelenke in der Kardanwelle machen die Welle beweglich. Das muss so sein, weil die Hinterachse gefedert ist und sich bewegen kann. Eine starre Welle würde dabei abbrechen.

Differenzial

In der Mitte der Hinterachse sitzt ein kleines Getriebe, das sogenannte Differenzial. Es verteilt die Antriebskraft über die Achswellen auf die beiden Hinterräder und ist so gemacht, dass sich die beiden Räder unterschiedlich schnell drehen können. Das muss so sein, weil in Kurven das jeweils äußere Rad einen weiteren Weg zurückzulegen hat und sich deswegen schneller drehen können muss.

Die Bremsen

Moderne Autos haben Scheibenbremsen. Auf der Bremsscheibe sitzt eine Art Zange, das ist der Bremssattel. Darin sind einer oder mehrere Zylinder mit Kolben, die die Bremsklötze gegen die Bremsscheibe drücken. Über die Bremsleitungen, das sind dünne Rohre, sind die Bremssättel mit dem Hauptbremszylinder verbunden. Tritt man auf das Bremspedal, drückt man mit dem Kolben des Hauptbremszylinders Bremsflüssigkeit in die Bremsleitungen und von dort in den Zylinder an den Bremssätteln. Dadurch werden die Bremsklötze dann gegen die Bremsscheibe gedrückt und das Auto wird abgebremst.

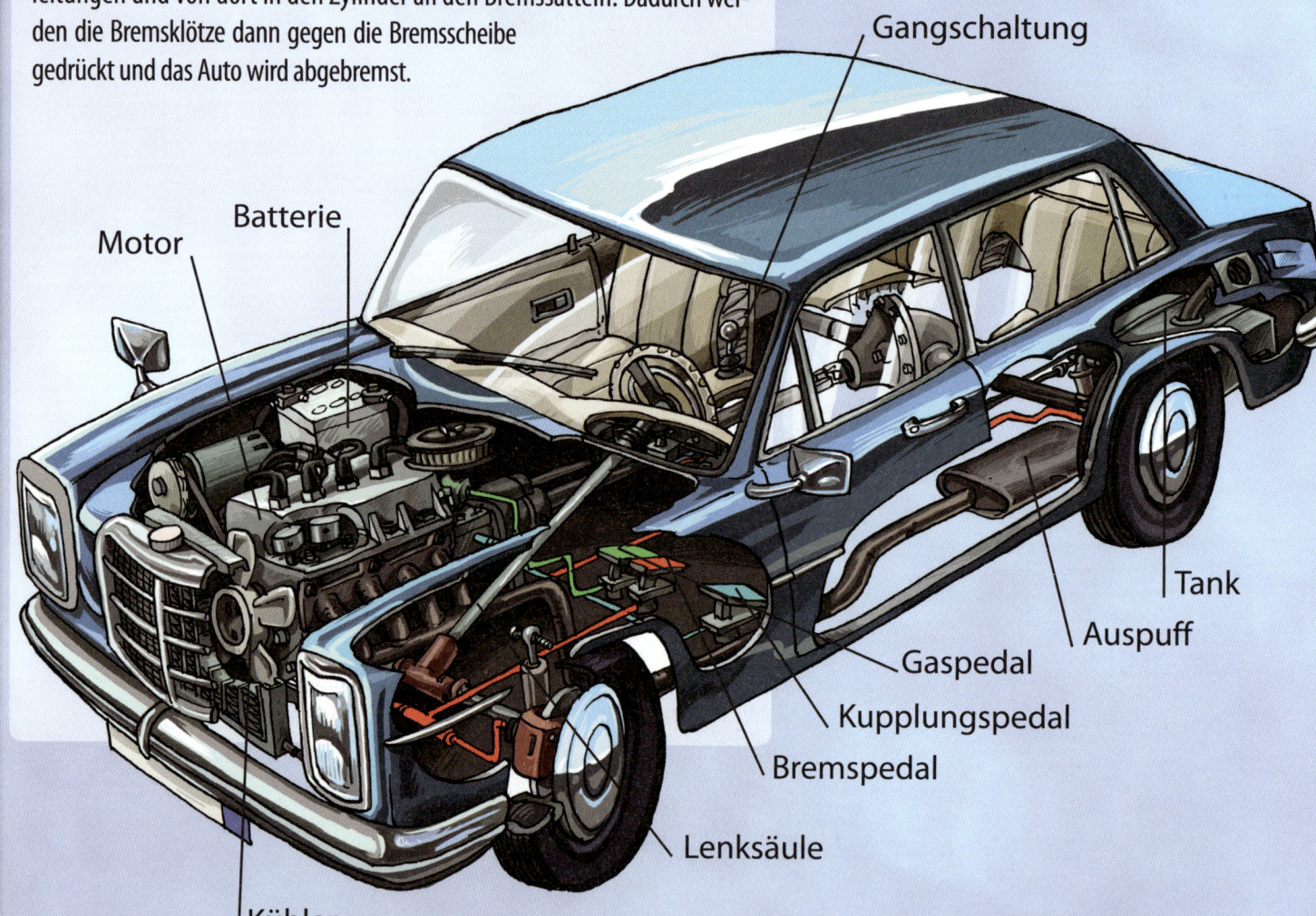

Gangschaltung

Motor

Batterie

Tank

Auspuff

Gaspedal

Kupplungspedal

Bremspedal

Lenksäule

Kühler

Die Sicherheit

Leider kann es beim Autofahren auch Unfälle geben. Damit den Leuten im Auto dabei möglichst wenig passiert, hat man sich allerlei einfallen lassen. Ganz wichtig sind die Sicherheitsgurte. Die muss man unbedingt anlegen, denn sie verhindern, dass man bei einem Aufprall nach vorn geschleudert wird.

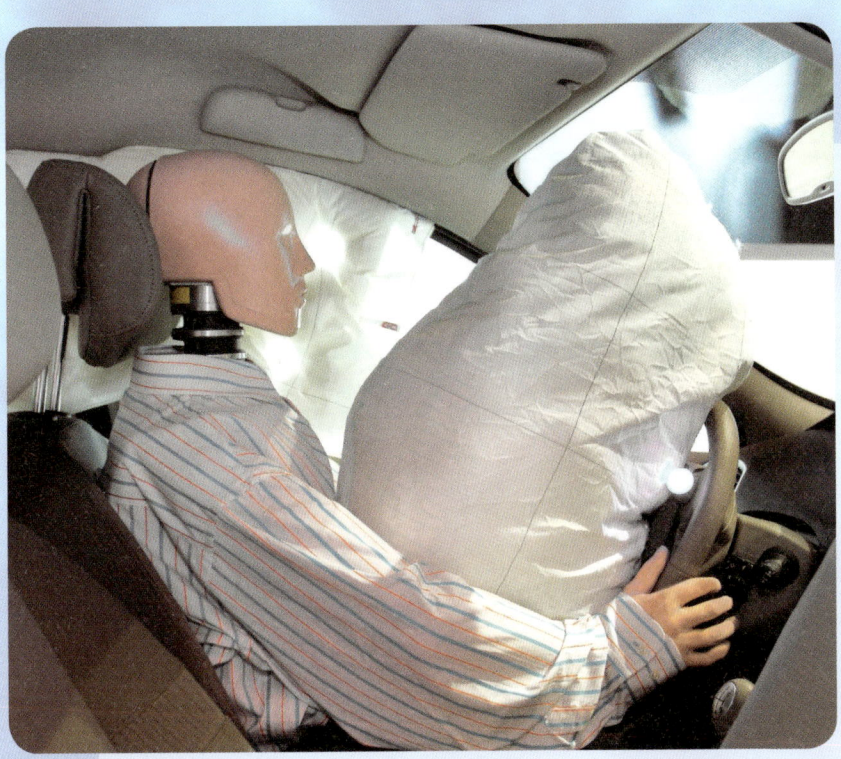

Airbag-Test mit Crashtest-Dummy

Der Airbag

Auch der Airbag ist eine nützliche Sache. Der Name bedeutet soviel wie „Luftsack" und genauso funktioniert er: Bei einem Unfall explodiert eine kleine Sprengladung im Airbag, wobei schlagartig eine ganze Menge Gas entsteht. Dieses Gas bläst den Airbag auf, der dadurch zu einer Art Kissen wird. Auf dieses Kissen prallt man dann auf. Und nun kommt der besondere Kniff: Das Gas im Airbag entweicht gleich wieder durch ein kleines Loch. Dadurch gibt der Airbag nach, wenn man dagegenprallt, und mildert den Aufprall so noch mehr ab.

Hybridautos

Es gibt heute schon Autos, die mit einem Elektromotor angetrieben werden. Das Problem dabei ist, dass der Akku, den ein solches Elektroauto braucht, schwer und teuer ist und lange benötigt, um geladen zu werden. Hybrid bedeutet „Mischling": Ein Hybridauto ist sozusagen ein Mischling aus einem Elektroauto und einem mit Benzinmotor. Ein Hybridauto hat kein Getriebe. Der Motor treibt einen Generator an und erzeugt den Strom für einen Elektromotor, wie ihn ein Elektroauto hat. Außerdem gibt es eine Batterie, ebenfalls wie im Elektroauto.

Mit dem Strom vom Generator kann man den Elektromotor antreiben und gleichzeitig auch die Batterie laden. Wenn dann Strom in der Batterie ist, kann man auch ohne den Ottomotor fahren. Außerdem kann man beim Bremsen und beim Bergabfahren den Elektromotor als Generator benutzen und so die Batterie wieder aufladen. Das kann allerhand Benzin sparen.

Hier siehst du ein Elektroauto, das gerade aufgeladen wird.

Segelwagen, 1600

Dampfwagen, 1769

Ford Modell A, 1928

Elektroauto „La Jamais", 1899

Citroën 2 CV, 1950er

„Trabbi", 1958

London Steam Carriage, 1803

Hippomobile, 1863

Kutschenwagen, 1886/7

Benz Patent-Motorwagen Nr. 1, 1886

Golf I, 1974

modernes Hybridauto, heute

WARUM FÄLLT EIN FAHRRAD NICHT UM?

Ein Fahrrad ist eine der genialsten Erfindungen überhaupt, denn Radeln ist bequemer und schneller als zu Fuß gehen, aber viel billiger als Auto fahren.

Das Fahrrad wird erfunden

Ausgedacht hat sich das erste Fahrrad ein Förster namens Friedrich von Drais (1798–1883), der viel in seinem Revier herumlaufen musste. Er war faul und wollte gern beim Laufen sitzen. Deshalb baute er sich ein Gestell, das ähnlich wie ein heutiges Fahrrad aussah, aber aus Holz war und noch keinen Pedalantrieb hatte. Man musste beim Fahren mit den Füßen anschubsen.

Später gab es dann Fahrräder, bei denen die Pedale wie bei einem Kinderdreirad direkt am Vorderrad angebracht waren. Damit so ein Hochrad, wie man es nannte, einigermaßen schnell fuhr, musste das Vorderrad sehr groß sein.

Was meinst du, könntest du mit einem Hochrad fahren?

Kettenschaltung wird geölt.

Freilauf und Gangschaltung

Schließlich gab es Fahrräder mit Pedalen und Kette. Zunächst musste man noch ständig mittreten, weil es noch keinen Freilauf gab. Durch den Freilauf kann das Fahrrad rollen, auch wenn du nicht trittst. Der Freilauf wurde dann aber auch erfunden und schließlich auch noch die Gangschaltung.

Die Kettenschaltung funktioniert ganz ähnlich wie ein Autogetriebe: Weil das eine Zahnrad groß ist und das andere klein, dreht sich das zweite schneller. Mit verschiedenen Kombinationen aus Zahnzahlen kann man auch hier verschiedene Übersetzungen erzielen. Der Unterschied ist nur, dass die beiden Zahnräder nicht direkt ineinandergreifen, sondern über die Kette miteinander verbunden sind.

KREISELWIRKUNG TESTEN

Das brauchst du:

✓ 1 Fahrrad oder das Vorderrad eines Fahrrades
✓ Den passenden Schraubenschlüssel zum Ausbauen des Vorderrades (Du findest ihn zusammen mit dem Flickzeug in der Satteltasche.)

So geht's:

1 Baue das Vorderrad des Fahrrades aus.

2 Halte das Rad an den beiden Achsstummeln in deinen Händen, ohne dass es sich dreht.

3 Versuche, die Lage des Rades zu verändern, indem du es kippst oder drehst.

4 Das geht ohne Weiteres.

5 Versetze das Rad in Drehung und halte es wieder an den Achsstummeln in beiden Händen.

6 Versuche jetzt wieder, die Lage des Rades zu verändern, indem du es kippst oder drehst.

7 Das geht überhaupt nicht gut!

Was ist passiert?

Kurz: das Gleiche wie bei einem sich drehenden Kreisel, der nicht umfällt. Ein Kreisel, also ein rotierender Körper, verändert seine Lage nicht in der Richtung, in der die Kraft wirkt. Wenn du dich beim Fahren also leicht nach links neigst, ist es die Kreiselwirkung, die dich nicht umfallen lässt, sondern das Rad nach links lenkt. Andersherum neigt sich das Fahrrad von selbst in die Kurve, wenn du lenkst.

WIE TAUCHT EIN U–BOOT WIEDER AUF?

Es ist schon komisch, dass Schiffe aus Eisen überhaupt schwimmen, wo doch Eisen schwerer ist als Wasser. Aber wie kann es funktionieren, dass ein eisernes Schiff erst sinkt und dann wieder auftaucht?

Das steckt dahinter:

Warum eiserne Schiffe schwimmen

Tatsächlich glaubten die Menschen lange nicht, dass Schiffe aus Eisen schwimmen können. Sie können es aber doch, und das hat einen einfachen Grund: Sie sind innen hohl.

Ein Körper sinkt im Wasser immer so weit ein, bis er die Wassermenge verdrängt hat, die so viel wiegt wie er selbst. Ist er schwerer als das Wasser, das er verdrängt, geht er unter. Ein massives Stück Eisen versinkt also im Wasser. Weil ein eisernes Schiff aber innen hohl ist, ist es viel leichter als ein massives Stück Eisen und auch leichter als das Wasser, das es verdrängt. Deswegen schwimmt es.

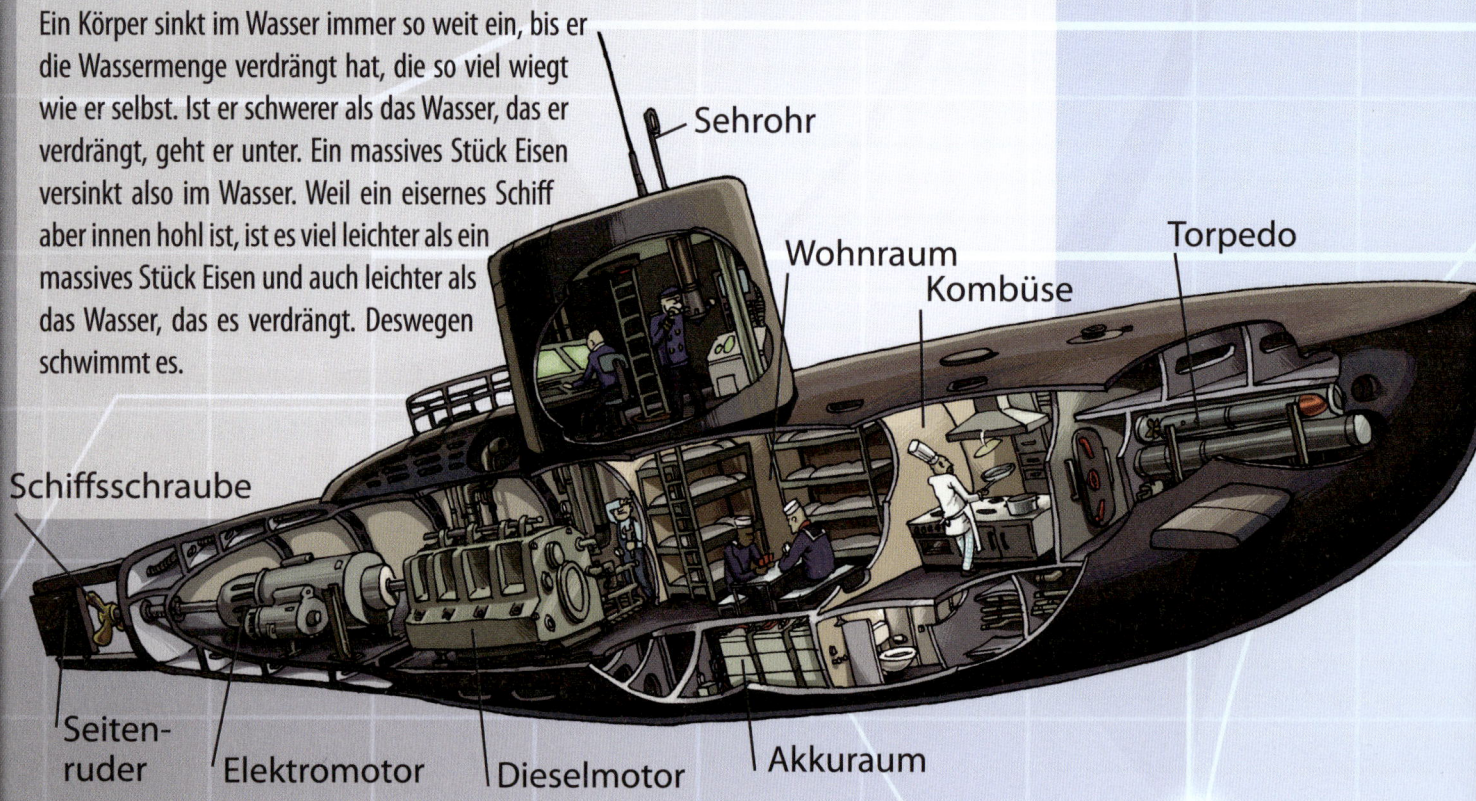

Sehrohr

Wohnraum

Kombüse

Torpedo

Schiffsschraube

Seitenruder

Elektromotor

Dieselmotor

Akkuraum

Ein Schiff versinkt …

Wenn nun ein eisernes Schiff ein Loch bekommt, durch das Wasser hineinläuft, geht es unter. Und genauso taucht man mit einem U-Boot. Nur dass man das Wasser nicht einfach in das Schiff hineinlaufen lässt, sondern in große Tanks, die sogenannten Tauchtanks. Wenn genug Wasser in den Tauchtanks ist, ist das U-Boot schwerer als Wasser und sinkt.

Blick aus U-Boot-Fenster

... und taucht wieder auf

Will der U-Boot-Kommandant nun wieder auftauchen, lässt er Pressluft in die Tauchtanks strömen. Diese drückt das Wasser wieder hinaus. Jetzt sind die Tauchtanks wieder voll mit Luft und das U-Boot wieder leichter als Wasser. Und deswegen taucht es auf.

Der Elektroantrieb

Bei der Fahrt über Wasser werden U-Boote, genauso wie andere Schiffe, von Dieselmotoren angetrieben. Unter Wasser geht das aber schlecht, denn der Dieselmotor braucht einen Haufen Luft. Deswegen gibt es einen Generator, mit dem der Dieselmotor bei der Überwasserfahrt auch Strom erzeugen kann.

Mit diesem Strom werden Akkus geladen. Und mit denen versorgt man einen Elektroantrieb, mit dem das U-Boot unter Wasser fährt. Wie weit das U-Boot unter Wasser fahren kann, hängt also nicht nur von der Menge an Atemluft ab, die es dabei hat, sondern auch davon, wie lange die Akkus den Strom für den Elektroantrieb liefern können.

PATRONENTAUCHER

Das brauchst du:

- ✓ 1 Getränkeflasche aus Plastik, möglichst groß
- ✓ 1 Tintenpatrone
- ✓ 1 kräftige Nadel oder 1 kleinen Nagel
- ✓ 1 Glas
- ✓ Wasser

So geht's:

1 Mache mit dem Nagel oder der Nadel ein kleines Loch in die Tintenpatrone.

2 Drücke die Tinte vorsichtig heraus, und zwar ins Waschbecken oder ins Klo.

3 Fülle das Glas mit Wasser.

4 Halte die Tintenpatrone ins Wasser, und zwar so, dass das Loch unter Wasser ist.

5 Drücke die Patrone etwas zusammen und lass dann wieder locker, sodass ein wenig Wasser hineinfließt.

6 Probiere, wie die Tintenpatrone schwimmt.

7 Gegebenenfalls drückst du ein bisschen Wasser heraus oder ziehst noch ein bisschen hinein, so lange, bis die Tintenpatrone gerade so eben schwimmt und nicht auftaucht oder untergeht.

8 Fische die Tintenpatrone aus dem Glas und drücke das Wasser wieder heraus. Fülle nun die Getränkeflasche mit Wasser, stecke die leere Tintenpatrone hinein und schraube die Flasche zu.

9 Wenn du nun die Flasche zusammendrückst, sinkt die Tintenpatrone nach unten. Hörst du auf zu drücken, steigt sie wieder auf.

Was ist passiert?

Wenn du die Flasche zusammendrückst, drückst du damit ein bisschen Wasser in die Tintenpatrone. Dabei wird die Luft in der Tintenpatrone zusammengedrückt. Das ist so, wie wenn ein U-Boot seine Tauchtanks flutet.

Wenn du loslässt, kann sich die Luft in der Tintenpatrone wieder ausdehnen und das Wasser wieder hinausdrücken. Das ist so, wie wenn das U-Boot die Tauchtanks mit Pressluft leer bläst, um wieder aufzutauchen.

WIESO KOMMT AUS DER RAKETE HINTEN FEUER RAUS?

Die Brennkammer

Das Wichtigste an der Rakete ist die Brennkammer. In ihr wird der Treibstoff verbrannt. Die Brennkammer ist nach hinten offen. Deswegen strömen die heißen Gase, die bei der Verbrennung entstehen, hier hinaus und schieben die Rakete nach vorn.

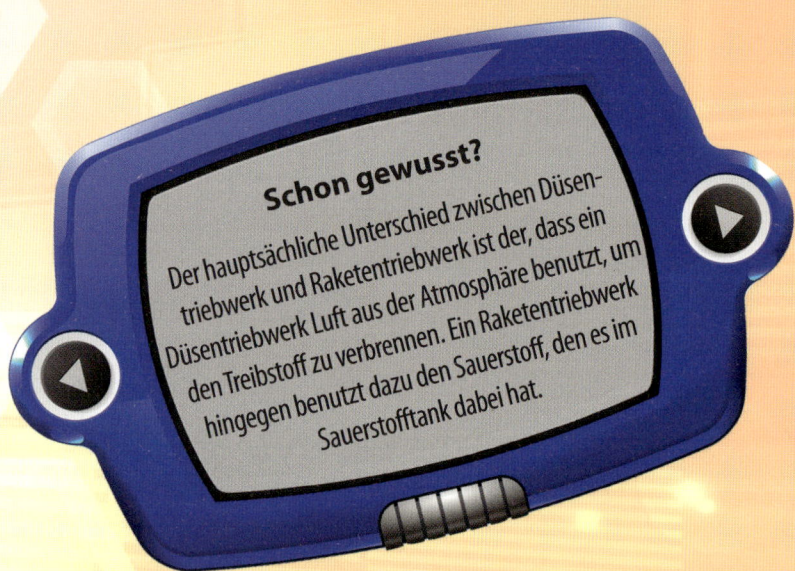

Schon gewusst?

Der hauptsächliche Unterschied zwischen Düsentriebwerk und Raketentriebwerk ist der, dass ein Düsentriebwerk Luft aus der Atmosphäre benutzt, um den Treibstoff zu verbrennen. Ein Raketentriebwerk hingegen benutzt dazu den Sauerstoff, den es im Sauerstofftank dabei hat.

Das steckt dahinter:

Die Trägheit

Jeder Körper, egal ob fest, flüssig oder gasförmig, ist träge. Das bedeutet, dass er sich nicht gern in Bewegung setzen möchte, wenn er steht, und nicht gern anhalten möchte, wenn er sich bewegt. Wenn du einen vollen Einkaufswagen anschiebst, drückst du gegen den Einkaufswagen. Weil der Einkaufswagen aber träge ist, drückt er sozusagen zurück, wie du in deinen Armen spüren kannst.

Damit die heißen Gase, die in der Brennkammer der Rakete entstehen, hinaus können, müssen sie immer die kurz vorher entstandenen Gase durch die Düse der Brennkammer hinausschieben, also in Bewegung setzen. Wie der Einkaufswagen, der sich nicht gleich in Bewegung setzen will, drücken diese Gase dabei aber zurück. Und das schiebt dann die Rakete nach vorn.

DIE LUFTBALLON-RAKETE

Das brauchst du:

✓ 1 Luftballon
✓ Genug Puste, um ihn aufzublasen

So geht's:

1 Blase den Luftballon kräftig auf. Knote ihn nicht zu.

2 Lass ihn los.

3 Der Luftballon fliegt davon und so lange durch die Gegend, bis er leer ist.

Was ist passiert?

Das Gummi des Luftballons setzt die Luft darin unter Druck. Die Luft im Ballon drückt durch die Öffnung nach außen und drückt dabei die Luft nach hinten, die schon in der Öffnung ist. Diese Luft drückt zurück und setzt damit den Luftballon nach vorn in Bewegung. Der Unterschied zum Raketentriebwerk ist lediglich der, dass der Druck im Ballon vom Gummi des Ballons stammt, der Druck in der Raketenbrennkammer aber von den heißen Verbrennungsgasen.

WIESO FÄHRT DAS MOTORBOOT, OHNE DASS JEMAND PADDELT?

Wie du wahrscheinlich schon ganz richtig vermutest, ist in einem Motorboot ein Motor eingebaut. Manchmal sind es auch zwei oder sogar drei. Das kann ein Benzin- oder ein Dieselmotor sein wie in einem Auto. Das Motorboot braucht allerdings nur ein ganz einfaches Getriebe, mit dem man vorwärts und rückwärts fahren kann. Es gibt auch Boote mit Elektromotor. Die haben dann einen Akku, den man wie bei einem Elektroauto erst laden muss, bevor man fahren kann.

Und wie wird gelenkt?

Der Motor treibt das Boot über eine Welle, die sogenannte Schraube, am Heck, das ist das hintere Ende des Boots, an. Die Schraube ist ganz einfach ein Propeller, der das Motorboot durchs Wasser schiebt. Hinter der Schraube sitzt das Ruderblatt. Das ist im Prinzip eine Platte, die man wie eine Tür hin- und herschwenken kann. Schwenkt man das Ruderblatt nach links, fährt das Boot nach links und umgekehrt. Bei Booten und Schiffen heißt links und rechts aber Backbord und Steuerbord.

Zahnräder setzen Schrauben in Bewegung.

Schiffsschraube

Welle

Schiffsschrauben

Ruderblatt schwenken

Am Ruderblatt sitzt eine Art Hebel, die Pinne. Mit ihr kann man das Ruderblatt schwenken und so das Boot lenken. Bessere Motorboote haben ein Steuerrad, mit dem man das Ruderblatt, meist über zwei Drahtseile, bedient.

Außenbordmotoren

Es gibt auch Motoren, die man am Heck eines Bootes befestigt, man nennt sie Außenbordmotoren. Den Kasten mit dem eigentlichen Motor nennt man Kraftkopf. Von dort führt der sogenannte Schaft nach unten. Im Schaft steckt eine Welle, die über ein Winkelgetriebe die Schraube am unteren Ende des Schaftes dreht.

Zum Steuern schwenkt man den ganzen Motor. Entweder ist er über Drahtseile mit dem Steuerrad verbunden oder er hat eine Pinne.

Außenbordmotor

Das steckt dahinter:

Rumpfgeschwindigkeit und Gleiten

Ein Boot oder ein Schiff schwimmt im Wasser, wie du ja aus dem Kapitel über das U-Boot weißt. Dabei kann es nur eine ganz bestimmte Geschwindigkeit erreichen, die umso größer ist, je länger das Boot oder Schiff ist. Diese Geschwindigkeit nennt man Rumpfgeschwindigkeit.

Will man schneller fahren als die Rumpfgeschwindigkeit, darf das Boot nicht mehr im Wasser schwimmen, sondern muss über es hinweggleiten. Das passiert ganz automatisch, wenn das Boot schneller wird als seine Rumpfgeschwindigkeit. Dazu muss aber nicht nur der Motor stark genug sein. Außerdem muss das Boot noch dafür gebaut sein, sonst geht es kaputt.

WARUM FÄLLT DAS FLUGZEUG NICHT VOM HIMMEL?

Der Auftrieb an der Tragfläche

Damit ein Flugzeug fliegen kann, müssen zwei Dinge der Fall sein: Die Tragflächen müssen vom Fahrtwind angeströmt werden und der Weg muss für die Luft oben um die Tragflächen herum weiter sein als unten herum.

Moderne Tragflächenprofile sind so gekrümmt, dass der Weg oben herum von vornherein der weitere ist.

Somit muss die Luft oben herum schneller strömen als unten herum. Wenn Luft aber schneller wird, sinkt ihr Druck. Dadurch ist der Druck unter der Tragfläche größer als über ihr. Der größere Druck unter der Tragfläche hebt diese und damit das ganze Flugzeug in die Höhe.

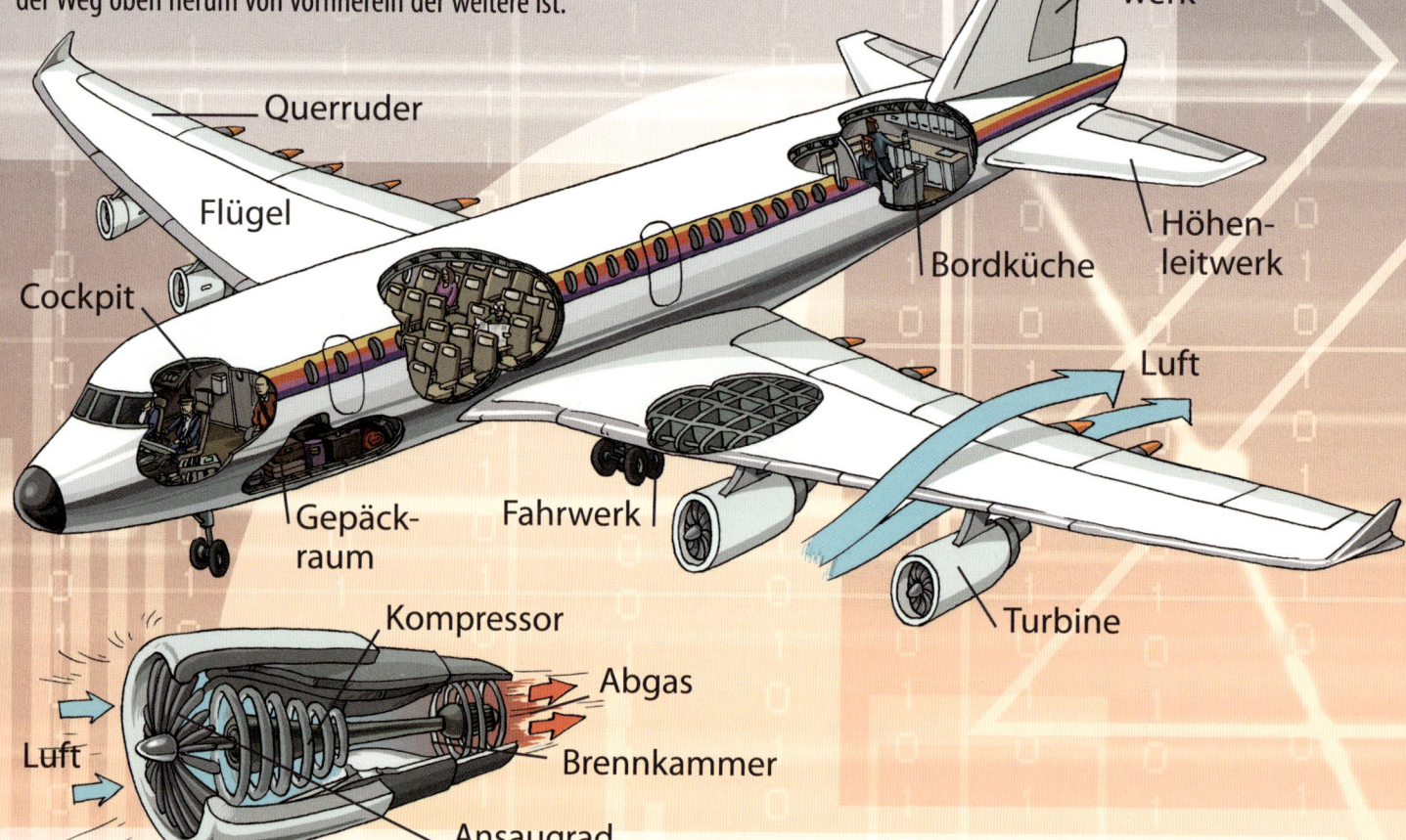

- Querruder
- Flügel
- Cockpit
- Gepäckraum
- Fahrwerk
- Bordküche
- Seitenleitwerk
- Höhenleitwerk
- Luft
- Turbine
- Kompressor
- Abgas
- Luft
- Brennkammer
- Ansaugrad

Der Antrieb

Bei einem Segelflugzeug gibt es gar keinen Motor. Die Geschwindigkeit, die es braucht, bekommt es dadurch, dass es sozusagen bergab fliegt. Deswegen suchen sich Segelflieger immer Stellen, an denen warme Luft aufsteigt.

Wenn man aber mit einem Flugzeug wirklich dort hinkommen will, wo man hin will, braucht man einen richtigen Antrieb. Entweder hat das Flugzeug einen Motor, der direkt den Propeller antreibt. Der Propeller zieht das Flugzeug dann durch die Luft. Die andere Möglichkeit ist ein Düsenantrieb. Der funktioniert ganz ähnlich wie der Raketenantrieb, den du aus dem Kapitel über die Rakete kennst.

AUFTRIEB ERZEUGEN

Das brauchst du:

✓ 1 Blatt Papier (DIN A5)
✓ 1 Lineal

So geht's:

1. Lege das Lineal quer vor dich.

2. Lege das Papier mit der schmalen Seite auf das Lineal.

3. Halte das Lineal mit dem Papier darauf gut fest und beides zusammen quer vor deinen Mund.

4. Das Papier hängt dabei in einem Bogen über das Lineal.

5. Nun bläst du von oben über die Wölbung des Papiers.

6. Das Papier hebt sich hoch.

Was ist passiert?

Wenn du über das Blatt bläst, bewegt sich die Luft dort und ist schneller als die Luft unter dem Blatt, die ja steht. Deswegen herrscht über dem Blatt ein geringerer Luftdruck als unter dem Blatt. Der größere Luftdruck unter dem Blatt hebt das Blatt hoch.

WARUM KANN DER HUBSCHRAUBER IN DER LUFT STEHEN BLEIBEN?

Gegensatz zum Flugzeug

Ein Flugzeug muss sich durch die Luft bewegen, damit es oben bleibt. Hubschrauber können in der Luft stehen bleiben, seitwärts oder sogar rückwärts fliegen.

Da Hubschrauber in der Luft stehen bleiben können, werden sie häufig zur Rettung an Orten eingesetzt, die mit anderen Fahrzeugen nicht oder nur schwer zu erreichen sind.

Warum dreht sich ein Hubschrauber nicht um sich selbst?

Der große Propeller oben auf dem Hubschrauber, man nennt ihn Rotor, hebt den Hubschrauber hoch. Er wird von einem starken Motor angetrieben.

Normalerweise müsste sich der Hubschrauber um sich selbst drehen, und zwar genau in die andere Richtung als die, in die sich der Rotor dreht. Das wäre nun nicht besonders gut, denn dann würde den Leuten im Hubschrauber ja furchtbar schlecht werden.

Deswegen gibt es hinten am Schwanz des Hubschraubers, man sagt wie beim Schiff auch Heck dazu, einen kleinen Propeller, den man Stabilisator nennt. Dieser dreht sich so, dass er den Hubschrauber genau andersherum drehen würde, als der Rotor ihn drehen will. Und er dreht sich immer genau so schnell, dass er den Hubschrauber gegen die Drehung vom Rotor gerade hält.

Es gibt auch Hubschrauber, die an jedem Ende einen Rotor haben. Manche Leute sagen dazu auch „Bananenhubschrauber" oder „fliegende Banane", weil ihre Form ein wenig an eine Banane erinnert. Solche Hubschrauber brauchen natürlich keinen Stabilisator.

Ein „Bananenhubschrauber"

Doppelrotor

Eine ganz schlaue Konstruktion ist die, bei der der Hubschrauber zwei Rotoren hat, die übereinandersitzen und sich in entgegengesetzte Richtung drehen. Einen solchen Rotor nennt man Koaxialrotor und ein Hubschrauber, der einen solchen besitzt, braucht natürlich keinen Stabilisator am Heck.

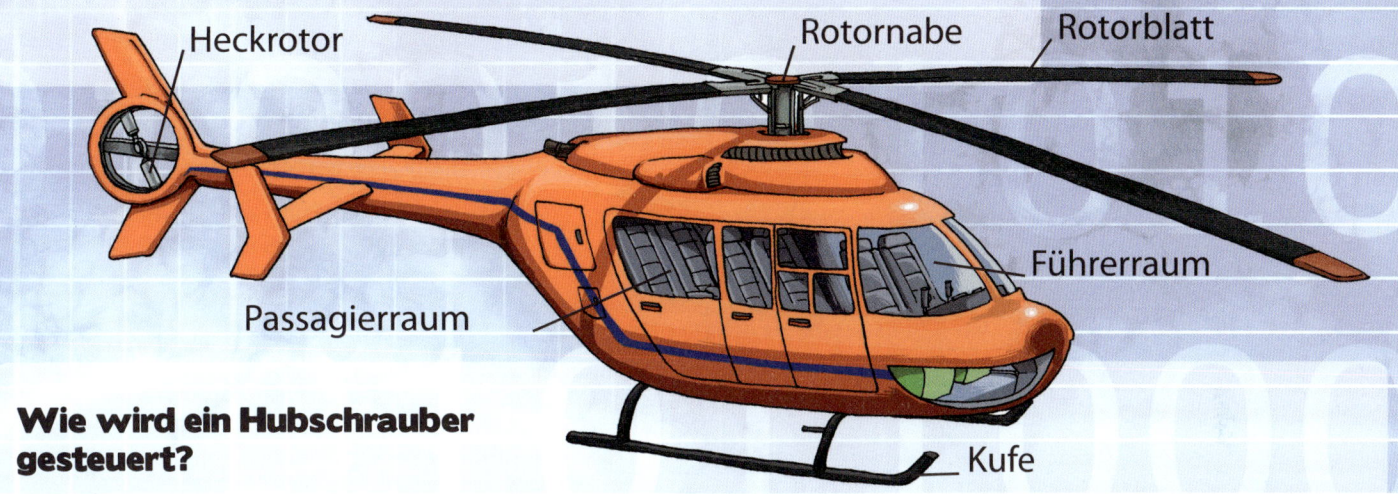

Heckrotor · Rotornabe · Rotorblatt · Führerraum · Passagierraum · Kufe

Wie wird ein Hubschrauber gesteuert?

Wenn der Hubschrauberpilot aufsteigen will, verdreht er die Rotorblätter so, dass sie mehr Auftrieb erzeugen. Wenn er sie in die andere Richtung verdreht, gibt es weniger Auftrieb und der Hubschrauber sinkt. Um in eine bestimmte Richtung zu fliegen, gibt es eine komplizierte Mechanik. Sie sorgt dafür, dass sich die Rotorblätter während ihrer Umdrehung verstellen und den Hubschrauber dabei in die gewünschte Richtung ziehen.

hochsteigen, runtergehen · vorwärts fliegen · Rechtskurve fliegen

Das steckt dahinter:

Das Wichtigste: der Rotor

Der Rotor macht beim Hubschrauber das, was beim Flugzeug die Tragflächen machen. Seine Flügel gehen zwar nicht geradeaus durch die Luft wie die Flugzeugtragflächen, dafür aber immer im Kreis herum. Deswegen bekommen sie auch Fahrtwind ab und erzeugen, genau wie Flugzeugtragflächen, einen Auftrieb, der den Hubschrauber in die Höhe hebt.

WARUM MACHT DER HEISSLUFTBALLON SO EINEN KRACH?

Nur zum Spaß

Heißluftballons taugen nicht als Verkehrsmittel, aber sie machen Spaß. Deswegen gibt es eine ganze Menge Leute, die einen Heißluftballon haben und damit in der Gegend herumfliegen. Sie selbst werden aber immer sagen, dass sie fahren und nicht fliegen.

Warum fliegt ein Heißluftballon?

Im Kapitel über das U-Boot hast du gelernt, dass Dinge, die leichter sind als Wasser, schwimmen. Das funktioniert auch mit Luft. Dinge, die leichter sind als Luft, schwimmen sozusagen darin. Das nennt man schweben.

Das funktioniert zum Beispiel mit heißer Luft. Sie ist leichter als kalte Luft. Und weil im Heißluftballon heiße Luft ist, kann er fliegen. In der Öffnung unten am Ballon sitzt ein starker Gasbrenner. Von dem kommt nicht nur der Krach, den ein Heißluftballon immer wieder macht, sondern er erwärmt auch die Luft im Ballon. Wenn der Ballonführer aufsteigen will, lässt er den Brenner ordentlich brutzeln und schon geht es los.

Hier kannst du den Gasbrenner und die Flamme, die die Luft im Ballon erwärmt, gut erkennen.

Wie lenkt man einen Heißluftballon?

Eigentlich kann man einen Heißluftballon gar nicht lenken, weil er sich immer mit der Luft bewegt, die ihn umgibt. Er fliegt also immer dahin, wohin der Wind weht.

Allerdings weht der Wind meist nicht in jeder Höhe in die gleiche Richtung. Und die Höhe kann der Ballonführer beeinflussen. Mit etwas Glück kann er also in irgendeiner Höhe Wind finden, der ihn in die Richtung treibt, in die er gern fahren möchte.

Das steckt dahinter:

Im Kapitel über den Kühlschrank hast du erfahren, dass sich Dinge ausdehnen, wenn sie warm werden. Dabei werden es aber nicht mehr Teilchen. Es ist lediglich so, dass die kleinen Teilchen, aus denen alle Stoffe bestehen, mehr Abstand voneinander halten, wenn es wärmer wird.

Wird nun die Luft im Heißluftballon erwärmt, dehnt sie sich aus. Jetzt haben nicht mehr alle Luftteilchen Platz im Ballon. Daher wird ein Teil von ihnen unten zur Öffnung hinausgedrückt. Im Ballon sind jetzt weniger Luftteilchen als vorher, obwohl sie den gleichen Platz einnehmen. Deswegen ist die heiße Luft im Ballon leichter als die kalte Luft draußen. Und wenn sie um so viel leichter geworden ist, dass es für die Ballonhülle, den Korb und die Leute darin auch noch reicht, steigt der Ballon auf.

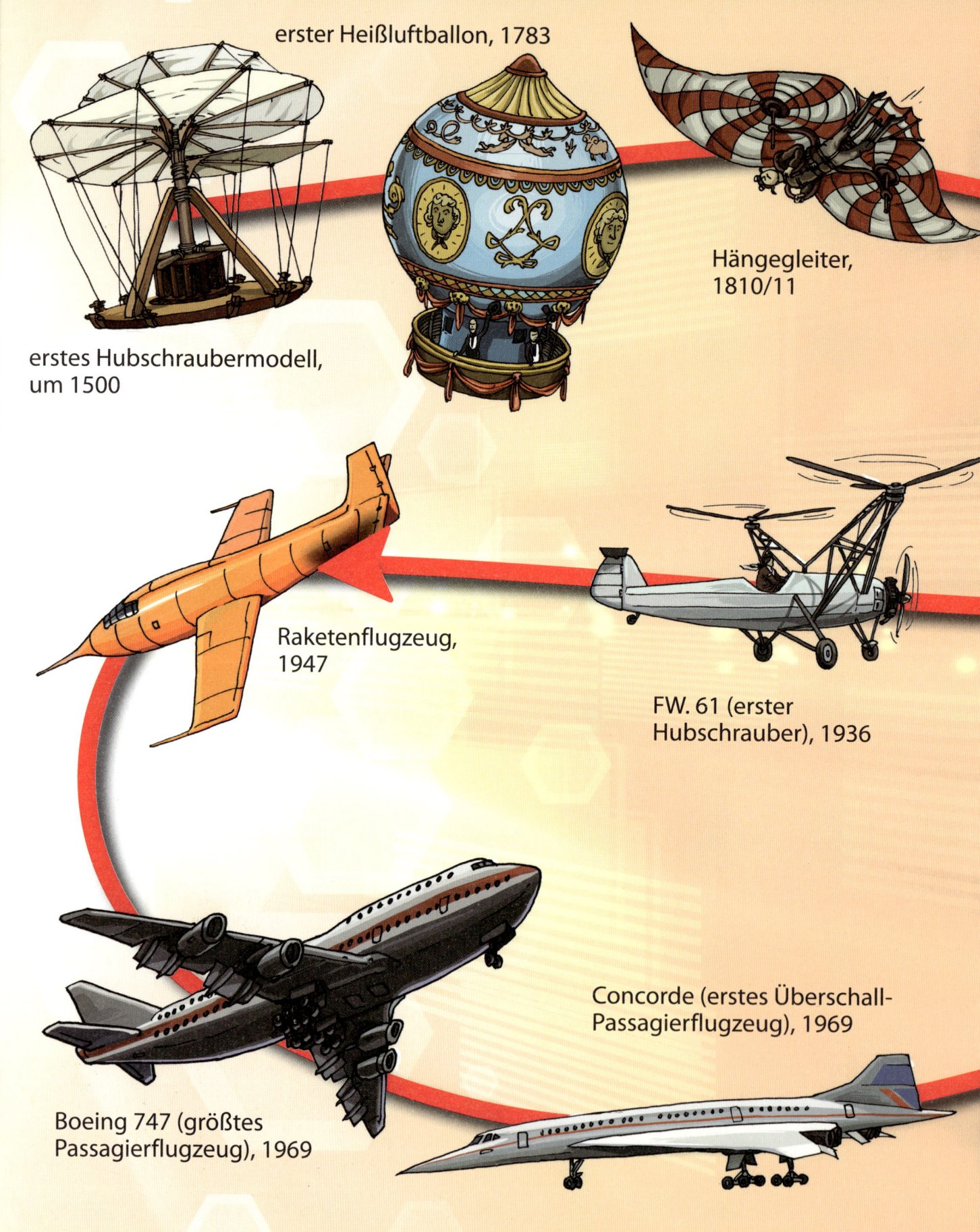

erster Heißluftballon, 1783

Hängegleiter, 1810/11

erstes Hubschraubermodell, um 1500

Raketenflugzeug, 1947

FW. 61 (erster Hubschrauber), 1936

Concorde (erstes Überschall-Passagierflugzeug), 1969

Boeing 747 (größtes Passagierflugzeug), 1969

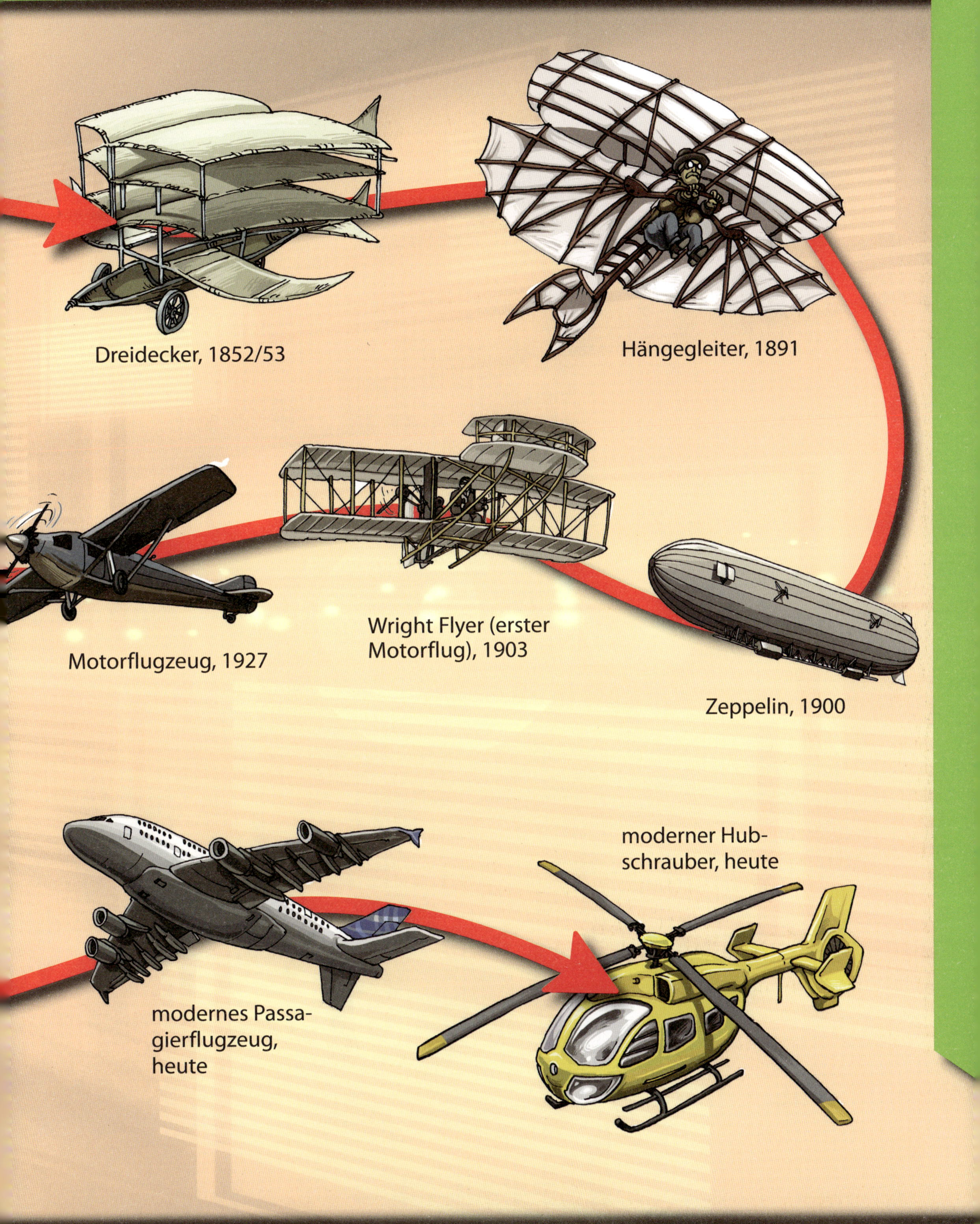

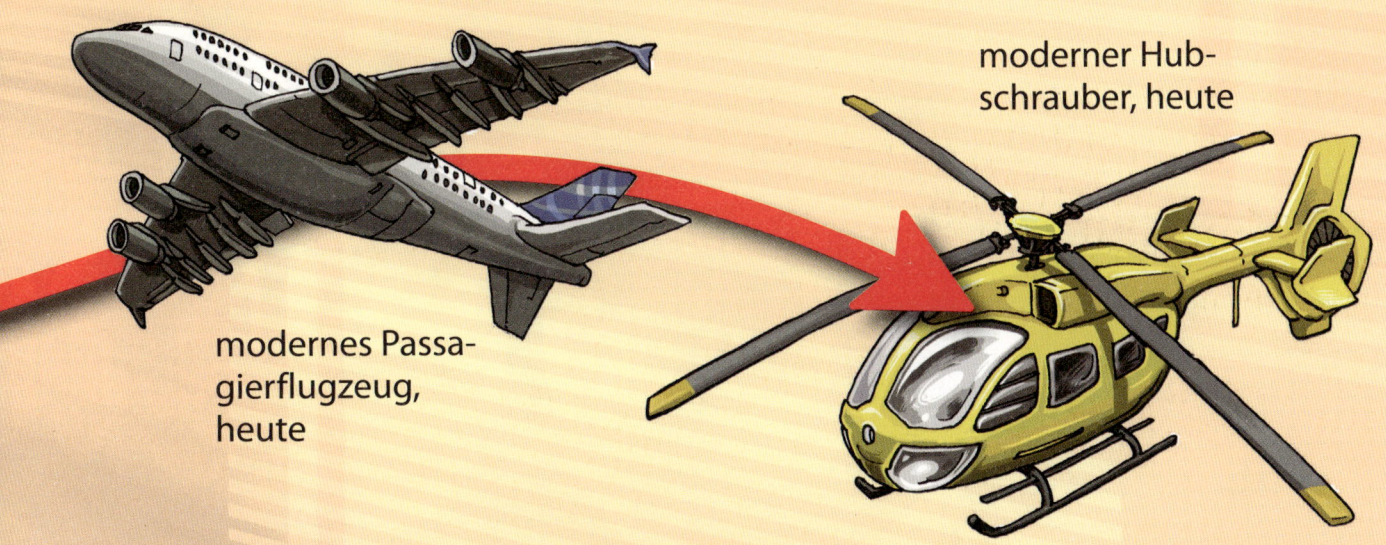

Dreidecker, 1852/53

Hängegleiter, 1891

Motorflugzeug, 1927

Wright Flyer (erster
Motorflug), 1903

Zeppelin, 1900

moderner Hub-
schrauber, heute

modernes Passa-
gierflugzeug,
heute

WARUM BLEIBT DER ZUG AUF DEN SCHIENEN?

Die Eisenbahn, wie wir sie kennen, gibt es schon mehr als 200 Jahre und davor hat es Vorläufer gegeben. Schienen und Eisenbahnwagen gab es zuerst, die Lokomotive kam später hinzu.

Das steckt dahinter:

Schiene und Spurkranz

Ein Schienenfahrzeug braucht man nicht zu lenken. Es fährt ganz von allein immer dahin, wo die Schienen hinführen. An einem Eisenbahnrad ist an der Innenseite ein Rand. Dieser Rand heißt Spurkranz. Er verhindert, dass das Eisenbahnrad nach außen von der Schiene abrutscht. Da auf beiden Seiten Räder mit Spurkränzen sind, kann das Schienenfahrzeug nach keiner von beiden Seiten von den Schienen herunterfahren. Und es folgt auch brav jeder Kurve.

Die Weichen

Damit man mit der Eisenbahn überall hinkommt, muss öfter einmal ein Gleis von einem anderen Gleis abzweigen. An einer solchen Stelle braucht man eine Weiche. Das Wichtigste an einer Weiche sind die beiden Zungen. Das sind die beiden Schienenstücke, die sich hin- und herschieben lassen.

Mitten in der Abzweigung sitzt das Herzstück. Hier stoßen die rechte Schiene des einen Gleises und die linke Schiene des anderen Gleises zusammen und bilden die Herzstückspitze. Damit die Spurkränze von beiden Richtungen durchrollen können, gibt es die Herzstücklücke. Weil hier das innere Rad, welches durch das Herzstück rollt, nicht geführt wird, sind an den äußeren Schienen die Radlenker angebracht, die das äußere Rad auch von der Innenseite führen.

Je nachdem, wie die Zungen gestellt sind, lässt die Weiche einen Zug geradeaus durchfahren oder abbiegen. Weichen, die nicht oft befahren werden, zum Beispiel bei Gleisanschlüssen von Firmen, werden mit einem Hebel direkt bedient. Die meisten Weichen werden jedoch vom Stellwerk aus ferngesteuert.

Die Dampflokomotive

Zunächst zog man die Eisenbahnwagen mit Pferden. Dann kamen die ersten Dampflokomotiven auf. Eine Dampflokomotive, kurz Dampflok genannt, ist nichts anderes, als ein Dampfkessel und eine Dampfmaschine auf Rädern. Im Dampfkessel wird Wasser heiß gemacht und verdampft. Der Dampf wird dann in den sogenannten Überhitzern noch heißer gemacht. Weil er so heiß ist, möchte er sich gern ausdehnen. Weil man ihn aber eingesperrt hat, steht er unter hohem Druck.

Nachgebaute Pferdeeisenbahn

Mit Volldampf

Vorn an der Dampflok sind Dampfzylinder. Sie funktionieren ungefähr so wie die Zylinder in einem Benzin- oder Dieselmotor. Der Unterschied ist, dass in ihnen nichts verbrannt wird, um heiße Gase zu erzeugen, sondern man lässt den heißen Dampf hineinströmen, der ja unter hohem Druck steht. Der Dampf dehnt sich in den Zylindern aus und schiebt die Kolben, die über Pleuelstangen die Räder drehen.

Anheizen

Lange Zeit war die Dampflokomotive die wichtigste Art von Lokomotiven. Allerdings war sie ein wenig umständlich. Zum einen musste man den Kessel anheizen, schon lange bevor man losfahren wollte. Außerdem brauchte man zwei Mann für ihre Bedienung: außer dem Lokführer noch einen Heizer, der vor allem die Kohlen unter den Kessel schaufeln musste.

Hier siehst du den Kessel einer Dampflok.

Die Eisenbahn verändert die Welt

Mit der Eisenbahn konnten Personen, Güter und Post viel schneller und billiger ihr Ziel erreichen als zu der Zeit von Postkutsche und Fuhrwerken.

Man konnte jetzt Fabriken überall da bauen, wo es Arbeitskräfte gab: Mit der Eisenbahn konnte man Material und die zu der Zeit der Dampfmaschinen für Fabriken wichtige Kohle in großen Mengen überall hinbringen. Und auch die fertigen Waren konnten mit der Eisenbahn aus Fabriken in entlegenen Gegenden dorthin gebracht werden, wo man sie verkaufen konnte.

Die Elektrolokomotive

Als man elektrischen Strom in ausreichenden Mengen herstellen konnte und es Elektromotoren gab, lag es natürlich nahe, Lokomotiven mit Elektroantrieb zu bauen. Eine Lokomotive elektrisch anzutreiben, ist einfacher als bei einem Auto.

Weil die Lokomotive ja sowieso auf ihren Schienen fahren muss, kann man sie auch gut mit einer Stromleitung versorgen. Meist ist das eine sogenannte Oberleitung. Über den Schienen befindet sich der Fahrdraht, durch den der Strom kommt. Oben auf der Lokomotive sitzt ein Stromabnehmer, der immer unter dem Fahrdraht entlangrutscht. Über ihn fließt der Strom zu den Elektromotoren, welche die Räder der Lokomotive antreiben.

Es gibt auch andere Systeme, bei denen eine Stromschiene zwischen den eigentlichen Eisenbahnschienen oder neben dem Gleis angebracht ist. Das findet man oft bei U- und S-Bahnen.

Lokomotive mit Kontakt zur Oberleitung

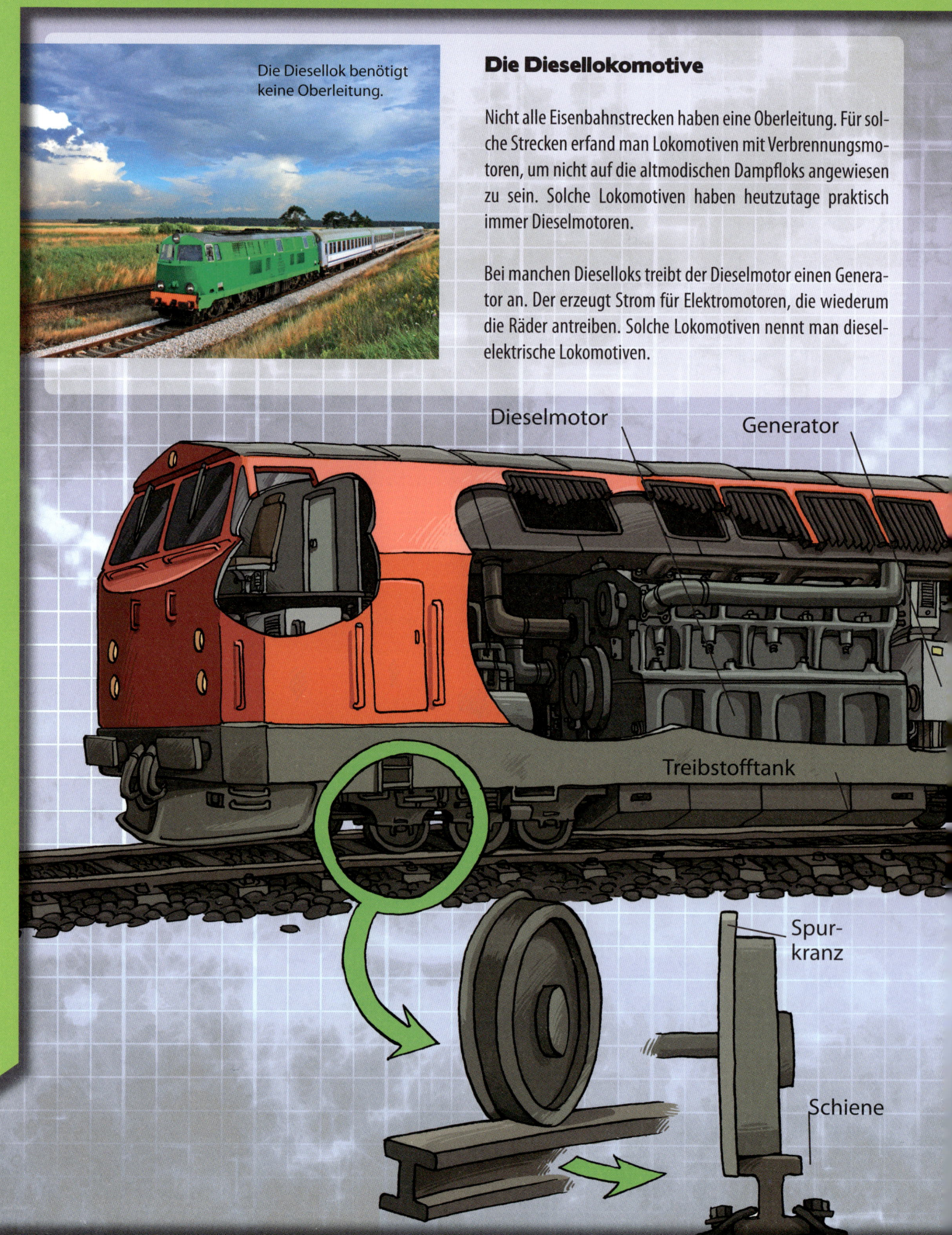

Die Diesellok benötigt keine Oberleitung.

Die Diesellokomotive

Nicht alle Eisenbahnstrecken haben eine Oberleitung. Für solche Strecken erfand man Lokomotiven mit Verbrennungsmotoren, um nicht auf die altmodischen Dampfloks angewiesen zu sein. Solche Lokomotiven haben heutzutage praktisch immer Dieselmotoren.

Bei manchen Dieselloks treibt der Dieselmotor einen Generator an. Der erzeugt Strom für Elektromotoren, die wiederum die Räder antreiben. Solche Lokomotiven nennt man diesel-elektrische Lokomotiven.

Dieselmotor

Generator

Treibstofftank

Spur-kranz

Schiene

Der Hochgeschwindigkeitszug

Um schnell zwischen großen Städten hin- und her- reisen zu können, gibt es in vielen Ländern Hochge- schwindigkeitszüge, die nur in wirklich großen Städ- ten anhalten. An der Lokomotive, dem sogenannten Triebkopf, werden sechs oder acht normale Wagen angehängt und dahinter noch ein Steuerwagen. Der Steuerwagen hat auch einen Führerstand wie der Triebkopf, aber keinen eigenen Antrieb. Wenn der Zug in die andere Richtung fahren soll, setzt sich der Loko- motivführer in den Steuerwagen. Der Zug wird dann nicht gezogen, sondern geschoben.

Ganz moderne Hochgeschwindigkeitszüge können eigentlich über 300 Stundenkilometer schnell fahren. Das geht aber nur auf Strecken, die speziell dafür gebaut sind. Bis jetzt gibt es davon aber noch nicht besonders viele. Deswegen ist ein Hochgeschwindigkeitszug auch meistens langsamer unterwegs, als er eigentlich sein könnte.

Elektromotor

Triebwagen

Bei einem Zug mit einer Lokomotive braucht man natürlich Waggons, die man anhängt, um Personen oder Fracht zu transpor- tieren. Es gibt aber auch Eisenbahnwagen, die ohne Lokomotive fahren können, weil sie einen eigenen Antrieb haben. Solche Wagen nennt man Triebwagen.

Es gibt Triebwagen mit elektrischem Antrieb und solche mit Dieselmotoren. Man verwendet sie auf Strecken, auf denen nicht so viele Fahrgäste unterwegs sind. Für den Fall, dass der Platz im Triebwagen nicht ausreicht, gibt es sogenannte Beiwagen zum Anhängen. Die sehen meistens auf den ersten Blick genauso aus wie der zugehörige Triebwagen, haben aber keinen Antrieb.

erste Dampflokomotive, 1804

„The Rocket" (Dampflokomotive), 1929

„Big Boy", 1941

erste Elektrolok, 1963

moderner Hochgeschwindigkeitszug, heute

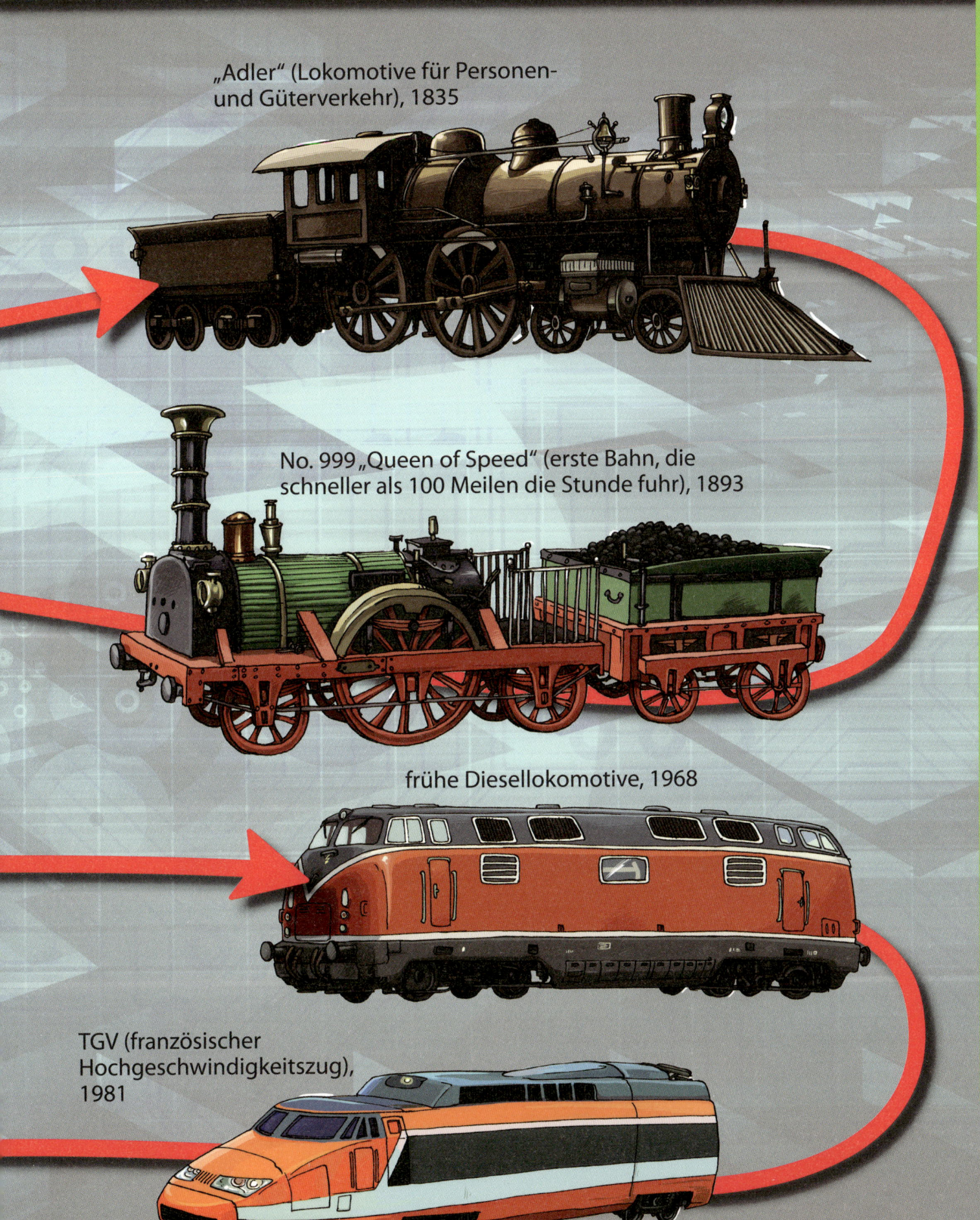

„Adler" (Lokomotive für Personen- und Güterverkehr), 1835

No. 999 „Queen of Speed" (erste Bahn, die schneller als 100 Meilen die Stunde fuhr), 1893

frühe Diesellokomotive, 1968

TGV (französischer Hochgeschwindigkeitszug), 1981

Glossar

Akkumulator:
Auch kurz Akku genannt. Eine Batterie, die man wieder aufladen kann, indem man sie an eine geeignete Stromquelle, zum Beispiel ein Akku-Ladegerät, anschließt

Akku leer

Ampere:
Die Einheit, in der man in der Elektrotechnik den Strom angibt

Auftrieb:
Damit bezeichnet man die Kraft, mit der ein Gegenstand in der Luft oder unter Wasser nach oben gedrückt wird. Der Auftrieb entspricht dem Gewicht der Menge Luft oder Wasser, die der Gegenstand verdrängt. Wenn der Auftrieb eines Körpers größer ist als sein Gewicht, schwimmt der Körper im Wasser beziehungsweise steigt in der Luft nach oben.

CCD-Element:
Eine Reihe aus aneinandergebauten lichtempfindlichen Halbleitern, die in einem Scanner eine Zeile Pixel aufnehmen kann

Drehzahl:
Sie gibt an, wie oft sich etwas in einer bestimmten Zeit, meist in einer Minute, dreht.

Frequenz:
Die Häufigkeit, mit der sich etwas wiederholt, zum Beispiel die Zahl der Schwingungen, die ein schwingender Körper in einer Sekunde ausführt

Halbleiter:
Ein Stoff, der den elektrischen Strom besser leitet, wenn die Temperatur steigt. Daraus kann man Bauteile herstellen, die leiten, wenn Licht daraufällt (Fotowiderstand) oder den Strom nur in eine Richtung durchlassen (Diode).

Hertz:
Die Einheit, in der man die Frequenz angibt

Pixel:

Ein kleiner farbiger Punkt, der die Funktion eines Mosaiksteinchens hat. In der Computertechnik werden Bilder aus Pixeln aufgebaut oder in sie zerlegt.

Pressluft:

Luft, die mit einem Kompressor zusammengedrückt wurde, sodass sie unter Druck steht

Kompressoren

Sensor:

Ein Bauteil, das bestimmte Dinge „fühlen" kann, zum Beispiel Licht, Druck, Wärme oder Magnetismus, und diese in ein elektrisches Signal verwandelt

Spannung:

Das ist sozusagen die Arbeitsfähigkeit der elektrischen Männchen, also der Elektronen.

Strom oder Stromstärke:

Die Menge der elektrischen Männchen, also der Ladung der Elektronen, die in einer bestimmten Zeit durch einen elektrischen Leiter wandern

Transistor:

Ein elektronisches Bauteil aus einem Halbleiter, das elektrischen Strom von einem Anschluss zum anderen nur durchfließen lässt, wenn an einem dritten Anschluss wenigstens eine kleine elektrische Spannung anliegt

Volt:

Die Einheit, in der man in der Elektrotechnik die Spannung angibt

Register

Bildnachweis

www.123rf.com: Kheng Ho Toh 8/9, 22/23, 36/37, 48/49, 58/59, 68/69, 88/89, 102/103, 112/113, 120/121, 138/139, 154/155 (Hintergrund), 18/19, 26/27, 46/47, 56/57, 62/63, 78/79, 92/93, 114/115, 128/129, 142/143, 152/153 (Hintergrund); designua 9 u. l.; guniita 10/11, 31/31, 44/45, 54/55, 70/71, 80/81, 100/101, 108/109, 116/117, 122/123, 132/133, 144/145 (Hintergrund); Alexey Stiop 11; Teerachai Sahassa 4/5, 12/13, 20/21, 34/35, 42/43, 52/53, 64/65, 72/73, 84/85, 98/99, 110/111, 124/125, 136/137, 146/147, 156/157 (Hintergrund); Sergey Nivens 16/17, 24/25, 38/39, 50/51, 60/61, 76/77, 86/87, 94/95, 104/105, 130/131, 140/141, 150/151, 160 (Hintergrund); Darya Petrenko 17 o.; belchonock 17 u.; simoneandress 21/22 (Schlüssel); Olga Lipatova 33 o.; handmadepictures 34 o. l., fotek 40 u. l.; Vereshchagin Dmitry 40 u. r., 127 o.; Andrey Eremin 42 o.; Maksym Bondarchuk 43; Watchara Rojjanasain 45 o.; Ion Chiosea 45 u.; Karel Noppe 47 o.; Ronalds Stikans 47 u.; racorn 48 o. l.; M.G. Mooij 50; Karel Noppe 51 o.; scanrail 51 u.; Erik Reis 52 alle; Kitch Bain 54 m. r.; Igor Korionov u. l.; Evgeniya Tiplyashina 59 o.; Ysbrand Cosijn 60 o.; Rimma Zaytseva 60 u.; Vera Volkova 70 u.; OLEKSANDR MARYNCHENKO 73 m. r.; Ruslan Anatolevich Kuzmenkov 83 m. l.; photka 83 o. l, m. r.; kzenon 89 o.; Cathy Yeulet 92 u.; Edyta Pawlowska 94 u.; blueskyimage 95 o.; Mladen Djordjevic 95 u.; Brian Jackson 97 o.; ndul 97 u.; ivicans 98; Dave Broberg 99 o.; guijunpeng 100 o.; Wavebreak Media Ltd 100 u.; Maksym Yemelyanov 101 u.; Feng Yu 102 o.; 36clicks 102 u.; Syda Productions 106 o.; Dan Talson 107 u.; Vitaly Valua 112 u.; Brian Chase 113 u.; braverabbit 121 u.; kritchanut 122 u.; Joe Belanger 123 o.; Oliver Sved 124 o.; Goce Risteski 124 u.; Andrea Lehmkuhl 127 u.; Ljupco Smokovski 130 o.; Sabino Corbello 136 o.; Konstantin Shaklein 136 m. r.; Martin Damen 137 (Luftballons); Pablo Hidalgo 138 o.; topdeq 138 u. l.; pat138241 144 o.; Carlos Caetano 144 u.; Mariusz Blach 145 o.; Anna Ivanova 148 o.; scanrail 153 o.

dpa Picture-Alliance, Frankfurt: picture-alliance / maxppp 121 o.; picture-alliance / dpa 122 o.

www.fotolia.de: djama 8 o. l.; Eisenhans 8 m r.; raven 9 o r.; Marc Slingerland 14; Denis Semenchenko 26, 34, 42, 48, 58, 64, 69, 72, 93, 136 (Schon-gewusst-Kästen); pressmaster 30 o.; Eisenhans 73 o.; Smileus 77 u.; Jürgen Fälchle 87 o.; Bernd Kröger 149 o.

www.pixelio.de: Danny König 84; Tim Reckmann 87 u.

www.shutterstock.com: Sergey Kandakov 3, 12, 16, 19, 23, 25, 27, 44, 50, 55, 61, 65, 78, 83, 94, 104, 111, 115, 117, 131, 134, 137, 141 (Batterien); edel 3, 12, 16, 19, 23, 25, 27, 44, 50, 55, 61, 65, 78, 83, 94, 104, 111, 115, 117, 131, 134, 137, 141 (Stoppuhren); Kavee Vivii 3, 14/15, 32/33, 40/41, 74/75, 82/83, 96/97, 106/107, 126/127, 134/135, 148/149, 158/159 (Hintergrund); Vladislav Plotnikov 30 u.; iko 32; Catalin Petolea 33 u., 35 o.; mervas 35 u.; urfin 36/37 (Computermäuse); BrAt82 54 o. l.; Rido 58 o.; Arve Bettum 62 u.; Monkey Business Images 69 o.; Csaba Deli 70 o.; Dmitry Kalinovsky 72 o.; Irina Fischer 72 u. r.; Visionsi 73 u. l.; ra2studio 74 r.; jakit17 74 u.; Petrenko Andriy 89 u.; Jessmine 92 u.; Dimedrol68 101 o.; wavebreakmedia 106 u.; Kitch Bain o. l.; Serggod 108 m. r.; xavier gallego morell 110 o.; Donna Ellen Coleman 110 u.; Leonidovich 112 o.; Ansis Klucis 113 o.; totojang1977 125 o.; supergenijalac 125 u.; wk1003mike 130 m. r.; unclepepin130 u. l.; Pim Leijen133 o.; Vereshchagin Dmitry 133 u.; andrej pol 142 l.; Steve Mann 142 u. r.; Andrei Nekrassov 145 u.; Nikiandr 148 o.; Umlaut1968 150 o.; Theunis Jacobus Botha 150 u.; ATGImages 151 o.; David Shih 151 u.; remik44992 152 o. l.; Georgejmclittle 156 o. l.; bright 156 m. r.; PavleMarjanovic 156 l. l.; Sang H. Park 157 o. l.; OliverSved 157 u. l.; nevodka 157 o. r.; Ale059 157 u. r.

Sonstige: Urheber: Venusianer, Lizenz: cc-by-sa 34 u.; Urheber: Stanislav Jelen, Lizenz: cc-by-sa 149 u.

Wollny, Volker: 62 u. l.